Knaur

Über den Autor:

Markus Kahr, geboren 1965, ist Diplom-Finanzwirt und Steuerexperte. Als freiberuflicher Autor und Publizist ist er unter anderem für das Wirtschaftsmagazin *DM* tätig.

Markus Kahr

99 Fragen zu 630-Mark-Jobs

Steuerfreiheit? – Sozialabgaben? –
Mehrere Nebenjobs?
Alles, was Sie wissen müssen,
damit sich der 630-Mark-Job lohnt

Knaur

Besuchen Sie uns im Internet:
www.droemer-knaur.de

Originalausgabe März 2000
Copyright © 2000 bei Droemersche Verlagsanstalt
Th. Knaur Nachf., München
Alle Rechte vorbehalten. Das Werk darf – auch
teilweise – nur mit Genehmigung des Verlags
wiedergegeben werden.
Redaktion: Ralph Thoms
Umschlaggestaltung: Agentur Zero, München
Satz: Ventura Publisher im Verlag
Druck und Bindung: Ebner Ulm
Printed in Germany
ISBN 3-426-82320-9

5 4 3 2 1

Inhalt

Vorwort 7

Teil 1
Regelungen der 630-Mark-Jobs
bis zum 31. März 1999 9

Teil 2
NEU: Die Änderungen
bei der Sozialversicherung 23

Teil 3
NEU: Die Änderungen
beim Steuerrecht 51

Vorwort

Liebe Leserin, lieber Leser,

die rot-grüne Bundesregierung ist im Herbst 1998 mit dem Ziel angetreten, vieles besser als die bisherige Regierung zu machen. So sollten beispielsweise die Sozialversicherungsabgaben nachhaltig gesenkt werden. Im Rahmen der großen Steuerreform wurden bereits seit Jahren diverse Versprechungen gemacht, bislang aber nicht eingelöst.

Die Änderung der steuerlichen Behandlung der sogenannten 630-Mark-Jobs hat gravierende gesellschaftliche Auswirkungen. Nach einer Studie des Kölner Instituts für Sozialforschung und der Unternehmensberatung Kienbaum ist die Zahl der Nebenjobs von April bis August 1999 um 700.000 gesunken. Bezogen auf einen Jahresverdienst von 7.560 DM (12 x 630 DM), entgehen dadurch dem Wirtschaftskreislauf rund 5,3 Mrd. DM.

Viele Haushalte sind darauf angewiesen, daß zumeist die Ehefrau mit einem Zusatzverdienst die Haushaltskasse aufbessert. Nach Änderung der steuerlichen Behandlung sehen viele geringfügig Beschäftigte nicht mehr ein, für diesen Lohn, der in keinem angemessenen Verhältnis zur geleisteten Arbeit steht, zu arbeiten.

Die Arbeitgeber klagen über dramatische Verteuerungen der Personalkosten.

Zwar ist es zu begrüßen, daß die Bundesregierung den Wiedereinstieg von Frauen in das Berufsleben fördern möchte, doch verfehlt sie mit der jetzt gültigen Form der steuerlichen Behandlung der 630-Mark-Jobs dieses Ziel.

Es dürfte problematisch werden: Anfang 2000 ist Abgabezeit der Steuererklärungen bei der Finanzverwaltung. In den meisten Fällen werden Sie, wie in den Vorjahren, Ihre Steuererstattung bereits fest in Ihr Haushaltsbudget eingeplant haben.

Bei unvorbereiteter Abgabe Ihrer Steuererklärung könnten Sie leider eine böse Überraschung erleben: In fast allen Fällen kommt es beim 630-Mark-Job zu einer kräftigen Nachzahlung, wenn Sie einen Hauptjob und zusätzlich nebenher einen 630-Mark-Job, der nach Steuerklasse VI abgerechnet wird, ausüben.

Was Sie erwartet und was Sie eventuell tun können, darüber informiert dieser Ratgeber.

Teil 1
Regelungen der 630-Mark-Jobs bis zum 31. März 1999

1 Was galt bis zum 31.03.1999 für den Arbeitgeber?

Nach der bis zum 31.03.1999 geltenden Regelung konnten Sie Ihre Mitarbeiter/-innen beschäftigen, ohne daß sie eine Lohnsteuerkarte vorzulegen hatten. Sie mußten als Arbeitgeber nur pauschal 20 Prozent Lohnsteuer an den Fiskus abführen. Hinzu kamen weitere 5,5 Prozent Solidaritätszuschlag und ggf. 4,5 bis 7 Prozent Kirchensteuer.
Die lohnsteuerrechtliche Höchstgrenze betrug für die alten und neuen Bundesländer einheitlich 630 Mark.
Daneben gab es allerdings noch eine weitere Grenze, nämlich die der Sozialversicherung. Diese betrug in den alten Bundesländern ebenfalls 630 Mark, während sie in den neuen Bundesländern auf 530 Mark abgesenkt wurde (1998: 620 Mark/520 Mark). Die pauschal abgeführte Lohnsteuer hatte einen sogenannten Abgeltungscharakter; eine Versteuerung fand in der Einkommensteuererklärung der Beschäftigten nicht mehr statt.

2 Was mußten Sie als Arbeitnehmer in den alten Bundesländern bis zum 31.03.99 beachten?

Sofern Sie Ihrem Arbeitgeber keine Lohnsteuerkarte vorlegen konnten bzw. wollten, führte Ihr Arbeitgeber die Lohnsteuer für Sie pauschal an den Fiskus ab. So brauchten Sie sich um die Versteuerung in Ihrer persönlichen Einkommensteuererklärung keine weiteren Gedanken zu machen. Die von Ihrem Arbeitgeber an die Finanzverwaltung abgeführte Lohnsteuer hatte einen sogenannten Abgeltungscharakter.

Auch wenn Sie neben Ihrem Hauptjob noch eine Nebentätigkeit ausübten, wurden diese zusätzlichen Einkünfte weder bei der Sozialversicherung noch dem Finanzamt erfaßt. Sie erhielten das mit Ihrem Arbeitgeber vereinbarte Gehalt netto ausgezahlt.

Den pauschalen Lohnsteuerabzug durfte Ihr Arbeitgeber aber nur dann vornehmen, wenn Ihr Gehalt die Grenze von 630 Mark im Monat nicht überstieg. Diese Grenze wurde in den letzten Jahren immer wieder angehoben.

Die Entwicklung der Höchstgrenzen

Jahr	Höchstgrenze	
	Sozialversicherung	Steuerrecht
1998	620,- DM	620,- DM
1997	610,- DM	610,- DM
1996	590,- DM	590,- DM
1995	580,- DM	580,- DM
1994	560,- DM	560,- DM

3 Was mußten Sie als Arbeitnehmer in den neuen Bundesländern bis zum 31.03.99 beachten?

Haben Sie in den neuen Bundesländern ohne Lohnsteuerkarte bei Ihrem Arbeitgeber gearbeitet, war dieser ebenfalls verpflichtet, die Lohnsteuer pauschal an das Finanzamt abzuführen.

Auch hier hatte die pauschal an das Finanzamt gezahlte Lohnsteuer einen sogenannten Abgeltungscharakter. Eine weitere Versteuerung erfolgte wie in den alten Bundesländern in Ihrer persönlichen Einkommensteuererklärung nicht mehr.

Dies galt auch dann, wenn Sie neben Ihrem Hauptjob eine Nebentätigkeit ausübten. Diese zusätzlichen Einkünfte wurden weder bei der Sozialversicherung noch beim Finanzamt erfaßt. Sie erhielten das mit Ihrem Arbeitgeber vereinbarte Gehalt netto ausgezahlt.

Den pauschalen Lohnsteuerabzug durfte Ihr Arbeitgeber aber nur dann vornehmen, wenn Ihr Gehalt die Grenze von 630 Mark im Monat nicht überstieg. Daneben hatte Ihr Arbeitgeber aber noch die Sozialversicherung im Auge zu behalten. Er brauchte nämlich nur dann keine Beiträge an die Sozialversicherung zu zahlen, wenn Sie nicht mehr als 530 Mark monatlich verdienten.

Die Entwicklung der Höchstgrenzen

Jahr	Höchstgrenze Sozialversicherung	Steuerrecht
1998	520,– DM	620,– DM
1997	520,– DM	610,– DM
1996	500,– DM	590,– DM
1995	470,– DM	580,– DM
1994	440,– DM	560,– DM

4 Was mußte der Arbeitgeber bis zum 31.03.99 beachten?

Wenn Sie den Arbeitslohn Ihres Mitarbeiters nicht pauschal der Lohnsteuer unterwerfen wollten, brauchten Sie dessen Lohnsteuerkarte. In Abhängigkeit der jeweiligen Steuerklasse waren unterschiedlich hohe Lohnsteuersätze einzubehalten.

Sofern Sie in den neuen Bundesländern Ihr Unternehmen betrieben, mußten Sie neben den steuerrechtlichen Grenzen auch die niedrigeren sozialversicherungsrechtlichen Grenzen beachten:

Jahr	Höchstgrenze	
	Sozialversicherung	Steuerrecht
1998	520,– DM	620,– DM
1997	520,– DM	610,– DM
1996	500,– DM	590,– DM
1995	470,– DM	580,– DM
1994	440,– DM	560,– DM

Beispiel 1:
Sie zahlten im Januar 1999 an Ihren Angestellten 630 Mark aus. Er legte Ihnen eine Lohnsteuerkarte (Klasse VI) vor.

Die Abrechnung sah wie folgt aus:

	Arbeitnehmer	**Arbeitgeber**
Gehalt	630,00 DM	630,00 DM
z.B. 6,8% Kranken-versicherung	– 42,84 DM	+ 42,84 DM
0,85% Pflege-versicherung	– 5,36 DM	+ 5,36 DM
9,75% Renten-versicherung	– 61,43 DM	+ 61,43 DM
3,25% Arbeitslosen-versicherung*	– DM	– DM
Lohnsteuer, Klasse VI	– 149,41 DM	– DM
9% Kirchensteuer (NRW)	– 13,45 DM	– DM

Netto-Gehalt Arbeitnehmer	357,52 DM	
Kosten Arbeitgeber		739,62 DM

* Beiträge zur Arbeitslosenversicherung werden aus der Nebenbeschäftigung nicht erhoben.

Beispiel 2:
Ihr Mitarbeiter legte keine Lohnsteuerkarte vor. Sie

mußten die Lohnsteuer pauschal an das Finanzamt abführen.

Beachten Sie, daß es im Zusammenhang mit der **Kirchensteuer** eine **Besonderheit** gibt: Im Rahmen des pauschalen Lohnsteuerabzuges ist auch die Kirchensteuer nicht mehr mit 9 Prozent zu berechnen, sondern in den meisten Bundesländern mit 7 Prozent. Sie rechnen wie folgt:

Gehalt	630,00 DM
20% Lohnsteuer pauschal	126,00 DM
+ 5,5% Solidaritätszuschlag	6,93 DM
+ 7% Kirchensteuer (NRW)	8,82 DM
+ 12% Rentenversicherung	75,60 DM
Ihre Kosten	**847,35 DM**
Nettogehalt Mitarbeiter	**630,00 DM**

Anhand dieses Beispiels können Sie erkennen, daß es für Sie immer vorteilhafter gewesen ist, wenn Ihnen Ihr Mitarbeiter eine Lohnsteuerkarte (Klasse I bis VI) vorgelegt hätte. In diesen Fällen mußte sich nämlich der Mitarbeiter und nicht Sie um die Versteuerung kümmern.

5 Wie hoch war der Steuersatz?

Gleichgültig, ob Sie in den neuen oder alten Bundesländern die Lohnsteuer pauschal an den Fiskus abgeführt haben, der Pauschalsatz betrug immer 20 Prozent des Bruttoarbeitslohns. Voraussetzung war allerdings, daß die Tätigkeit Ihres Mitarbeiters nur in geringem Umfang und gegen geringen Arbeitslohn ausgeübt wurde. Dieses Merkmal war dann erfüllt, wenn Sie im Monat nicht mehr als 630 DM bzw. bei kürzeren Lohnzahlungszeiträumen wöchentlich 147 DM bzw. stündlich 22,05 DM nicht überschritten.

Neben dieser Regelung gab es für sogenannte kurzfristig Beschäftigte weitere Regelungen, die auch heute noch gelten. Zu diesem Personenkreis zählen z. B. alle diejenigen, die als Saisonhilfen, Urlaubs- und Krankheitsvertretungen oder als Erntehelfer beschäftigt sind. Eine kurzfristige Beschäftigung liegt immer dann vor, wenn

- diese auf längstens 2 Monate oder 50 Arbeitstage im Jahr (nicht Kalenderjahr) begrenzt ist und
- die Tätigkeit entweder vertraglich oder

nach Art der Beschäftigung zeitlich begrenzt ist und
- die Beschäftigung nicht berufsmäßig ausgeübt wird.

In diesen Fällen müssen Sie 25 Prozent pauschale Lohnsteuer an den Fiskus abführen.

6 Wird die pauschale Lohnsteuer auf meine Einkommensteuer angerechnet?

Da es sich bei der pauschalen Lohnsteuer um eine sogenannte Abgeltungssteuer handelt, wird sie auf die Einkommensteuer nicht angerechnet.

Der Fiskus verzichtete damit darauf, Ihre Einnahmen aus Ihrem 630-Mark-Job zu erfassen. Insgesamt ist diese bisherige Regelung – sowohl für den Arbeitnehmer und letztendlich auch für den Arbeitgeber – sehr vorteilhaft gewesen. War mit der pauschalen Lohnsteuer bislang alles erledigt, müssen Sie nun neben der steuerlichen Seite auch noch die sozialversicherungspflichtigen Sachverhalte prüfen.

7 Ist eine Barzahlung des Geldes zulässig?

Üblicherweise wird der Lohn im Rahmen des 630-Mark-Jobs nicht auf ein Konto überwiesen, sondern am Ende des Monats bar ausgezahlt. Denken Sie z. B. an die vielen Kräfte, die in der Gastronomie tätig sind. Dort ist es sogar üblich, daß das Geld am Ende des Tages ausgezahlt wird.

Der Wirt muß allerdings sicherstellen, daß die jeweilige Kraft nicht mehr als 630 Mark monatlich verdient, da sonst der pauschale Lohnsteuerabzug nicht mehr zulässig wäre.

8 Warum wurden die 630-Mark-Jobs neu geregelt?

Nach Schätzungen des Bundesministeriums für Arbeit und Sozialordnung üben rund 5,6 Millionen Menschen eine geringfügige Beschäftigung, kurz 630-Mark-Job genannt, aus.

Die Bundesregierung hat sich zur Aufgabe gemacht, daß die Reform der 630-Mark-Jobs für

- mehr Transparenz,

- für mehr Ordnung auf dem Arbeitsmarkt,
- für mehr Gerechtigkeit und
- für mehr soziale Sicherheit

stehen soll. Ob dieses Ziel tatsächlich erreicht wird, bejaht die Regierung, wird aber heftig von der Opposition und den Betroffenen angezweifelt. Es vergeht kaum eine Woche, in der Änderungen und Nachbesserungen zu diesem Reformpaket gefordert beziehungsweise angekündigt werden.

9 Was muß der Arbeitgeber seit dem 01.04.99 beachten?

Für Gesamtdeutschland gilt jetzt eine einheitliche Geringfügigkeitsgrenze von 630 Mark, die in absehbarer Zeit nicht erhöht werden wird.
Die bisherige Unterteilung in West- und Ostdeutschland gehört damit der Vergangenheit an. Gleichzeitig unterliegen die 630-Mark-Jobs der Sozialversicherungspflicht.
Um das Gehalt steuerfrei auszahlen zu können, müssen Sie als Arbeitgeber pauschal

- 12 Prozent des Arbeitsentgelts an die Renten- und
- 10 Prozent an die Krankenversicherung

als Beiträge abführen. Darüber hinaus ist Ihr Arbeitnehmer verpflichtet, Ihnen eine Freistellungsbescheinigung vorzulegen.

Beachten Sie, daß die nachfolgenden Regelungen auch dann gelten, wenn Sie nicht die Höchstgrenze von 630 DM auszahlen. Beschäftigen Sie z. B. eine Raumpflegerin für monatlich 100 DM, gelten ebenfalls die nachfolgenden Bestimmungen.

10 Wann ist ein 630-Mark-Job noch steuerfrei?

Grundsätzlich ist ein 630-Mark-Job nur noch dann steuerfrei, wenn Sie keine weiteren Einkünfte erzielen. Sie legen Ihrem Arbeitgeber eine entsprechende Freistellungsbescheinigung vor, und er zahlt an die Sozialversicherung die Beiträge pauschal. In diesem Fall kann er Ihnen Ihr Gehalt steuerfrei auszahlen.

Üben Sie aber z. B. einen Hauptjob als Angestellter aus, erhalten Sie diese Freistellungsbescheinigung nicht. Jetzt muß Ihr Arbeitgeber neben der Sozialversicherung auch noch die Lohnsteuer an das Finanzamt abführen. Dafür braucht er Ihre Lohnsteuerkarte.

Ist Ihr Arbeitgeber mit Ihrer Arbeitsleistung vollauf zufrieden, könnte er Sie allerdings trotzdem von der Steuerlast befreien:

Wie bisher auch, übernimmt er die pauschale Lohnsteuer von 20 Prozent zzgl. Solidaritätszuschlag und Kirchensteuer und führt diese Beträge an das Finanzamt ab. Daneben sind aber noch die Beiträge der Sozialversicherung abzuführen, so daß ihn Ihr Arbeitsplatz eine ganze Menge Geld kostet.

Übernimmt er diese Kosten, brauchen Sie sich um die Versteuerung in Ihrer Einkommensteuererklärung keine Gedanken mehr zu machen.

Teil 2
NEU: Die Änderungen bei der Sozialversicherung

11 Was hat ein 630-Mark-Job mit der Sozialversicherung zu tun?

Das Sozialversicherungsrecht unterscheidet drei Kategorien von 630-Mark-Jobs:

Kurzfristige Beschäftigungen oder Saisonbeschäftigungen von längstens zwei Monaten oder höchstens 50 Arbeitstagen im Jahr – hier besteht Sozialversicherungsfreiheit.

Geringfügige Nebenbeschäftigungen mit einem Gehalt von bis zu 630 Mark im Monat neben einem sozialversicherungspflichtigen Haupterwerb – hier wird Haupt- mit Nebenjob zusammengerechnet; es gelten die üblichen Sozialversicherungsätze.

Geringfügige, auf Dauer angelegte Alleinbeschäftigung als Arbeitnehmer mit einem Monatsentgelt von insgesamt nicht mehr als 630 Mark – mit dem pauschalen Sozialversicherungsbeitrag von 10 bzw. 12 Prozent ist alles erledigt.

12 Was ist eine kurzfristige Beschäftigung bzw. Saisonbeschäftigung?

Saisonbeschäftigte sind immer dann sozialversicherungsabgabenfrei, wenn das Beschäftigungsverhältnis auf längstens
- zwei Monate oder
- 50 Arbeitstage im Jahr

begrenzt ist. Dabei muß die Beschäftigung entweder vertraglich oder nach der Art des Beschäftigungsverhältnisses begrenzt angelegt sein und darf nicht berufsmäßig ausgeübt werden.

Beispiel 1
Als Gastwirt betreiben Sie in der Fußgängerzone von Westerland/Sylt einen Fischstand. Damit Sie die Gäste in der Hochsaison bewirten können, beschäftigen Sie verschiedene Aushilfen, die extra vom Festland anreisen, um bei Ihnen zu arbeiten. Zahlen Sie z. B. an eine der Aushilfen 3.000 DM aus, brauchen Sie keine Sozialabgaben zu entrichten, da es sich um eine Saisonbeschäftigung handelt.

Beispiel 2
Sie betreiben ein Tanzstudio und beschäftigen

mehrere Aushilfen, die an unterschiedlichen Tagen und zu unterschiedlichen Zeiten arbeiten.

Eine Thekenkraft arbeitet jeweils samstags (im Kalenderjahr an 44 Tagen) in Ihrer Tanzschule und erhält je Arbeitstag 100 DM. Obwohl Ihre Mitarbeiterin die 50-Tage-Grenze unterschreitet, handelt es sich nicht um eine Saisonbeschäftigung, da sie regelmäßig wiederkehrend tätig wird.

Das Arbeitsverhältnis ist auf Dauer angelegt, so daß es grundsätzlich sozialversicherungspflichtig ist.

13 Welche Grenzen gelten bei den kurzfristig Beschäftigten?

Ein kurzfristiges Beschäftigungsverhältnis liegt nur dann vor, wenn Sie Ihren Mitarbeiter (das kann auch Ihr Ehegatte oder ein anderer naher Angehöriger sein)

- weniger als 15 Stunden in der Woche beschäftigen und
- das Arbeitsentgelt pro Monat höchstens 630 DM beträgt und
- der Arbeitslohn je Stunde 22 DM nicht übersteigt (vor dem 01.04.99: 22,05 DM).

Dies setzt allerdings voraus, daß Ihr Mitarbeiter keine anderen sozialversicherungspflichtigen Einkünfte erzielt (s. Frage 78).

14 Sind Saisonkräfte ein Ausweg aus der neuen Situation?

Nachdem die Änderungen zu den 630-Mark-Jobs bekannt wurden, wurde in allen Branchen nach Auswegen aus der Krise gesucht. Von der Neuregelung sind Verlage (Zeitungsboten), Gastwirte (Kellner/-innen) und Gebäudereinigungsfirmen (Putzpersonal) betroffen.

Clevere Wirte versuchten Auswege aus dem Dilemma zu finden und kamen auf folgende Idee:

Wenn eine Aushilfe immer nur an einem Wochentag in der Woche arbeitet, bleibt sie mit ihrer gesamten Tätigkeit unter der Höchstgrenze von 50 Arbeitstagen im Jahr. So wäre das Beschäftigungsverhältnis sozialversicherungsfrei, da es sich um eine Saisonbeschäftigung (z. B. immer nur samstags) handele.

Diese Auffassung ist noch in der Diskussion, eine endgültige Anweisung ist noch nicht ergangen. Fakt ist allerdings, daß die Sozialversicherungsprüfer ein solches Arbeitsverhältnis nicht als Saisonbeschäftigung anerkennen, da nach ihrer Auffassung auf diese Weise die seit dem 01.04.1999 geltende Neuregelung einfach ausgehebelt werden könnte.

Gut sieht es zur Zeit nur für diejenigen aus, die zeitweise als Saisonkräfte, z. B. in den Tourismushochburgen, bei den Weinbauern als Erntehelfer oder den Spargelbauern behilflich sind. Werden die genannten Bestimmungen eingehalten, sind keine Beiträge zur Sozialversicherung zu leisten.

15 Wer zählt zu den geringfügig Nebenbeschäftigten?

Bei der Beantwortung der Frage ist zu unterscheiden zwischen der sozialversicherungsrechtlichen und der steuerrechtlichen Seite.

Für die *Sozialversicherung* kommt es nur darauf an, ob Sie einen sozialversicherungspflichtigen Hauptjob ausüben. Nicht sozialversicherungspflichtig sind Personen, die keiner beruflichen Tätigkeit nachgehen, und Beamte, die von der

Sozialversicherungspflicht befreit sind, weil sie hieraus auch keine Leistungen in Anspruch nehmen dürfen. Sie können demnach jede Tätigkeit im Rahmen eines 630-Mark-Jobs ausüben.

Entscheidend für die Sozialabgaben ist allerdings, welche Tätigkeit Sie in einem etwaigen Hauptjob ausüben (s. Fragen 16 und 36).

Für die steuerlichen Belange siehe Teil 3.

16 Wie werden mehrere gleichzeitige Beschäftigungsverhältnisse behandelt?

Mehrere Arbeitnehmertätigkeiten werden bei der Berechnung der Sozialversicherungsbeiträge zusammengefaßt. Dabei ist es gleichgültig, ob es sich um mehrere geringfügig entlohnte oder um weitere, neben dem Hauptjob ausgeübte, sozialversicherungspflichtige Beschäftigungen handelt.

Wenn Sie mehrere geringfügige Beschäftigungen eingegangen sind und die 630-DM-Grenze überschreiten, unterliegt Ihr gesamtes Arbeitsentgelt der normalen Beitragspflicht.

Die Tabelle zeigt Ihnen, welche Beiträge jeweils an die Sozialversicherung abzuführen sind.

Arbeitgeber-/Arbeitnehmeranteil zur Rentenversicherung	9,75%
Arbeitgeber-/Arbeitnehmeranteil zur Krankenversicherung*	6,80%
Arbeitgeber-/Arbeitnehmeranteil zur Pflegeversicherung	0,85%
Arbeitgeber-/Arbeitnehmeranteil zur Arbeitslosenversicherung	3,25%

*Durchschnittswert

Somit müssen Arbeitgeberbeiträge und Arbeitnehmerbeiträge bis zu den gesetzlich festgeschriebenen Höchstgrenzen, die jährlich angepaßt werden, abgeführt werden.

1999	Kranken- und Pflegeversicherung	Renten- und Arbeitslosenversicherung
Alte Bundesländer	6.375,– DM	8.500,– DM
Neue Bundesländer	5.400,– DM	7.200,– DM

2000
Alte
Bundesländer   6.450,– DM   8.600,– DM
Neue
Bundesländer   5.325,– DM   7.100,– DM

Das sozialversicherungspflichtige Arbeitsentgelt aus Ihrem Hauptjob wird mit dem aus einer geringfügigen Nebenbeschäftigung zusammengerechnet und voll in die Beitragspflicht einbezogen.

Beispiel
Wenn Sie als Arbeitnehmer in Ihrem Hauptberuf 5.000 DM monatlich brutto verdienen und in einem Nebenjob noch zusätzlich 630 DM erhalten, sind für das gesamte Arbeitseinkommen von 5.630 DM Sozialversicherungsbeiträge zu zahlen.

Damit wird der Arbeitnehmer, der bei zwei Arbeitgebern arbeitet, genauso behandelt wie der Beschäftigte, der 5.630 DM bei nur einem Arbeitgeber verdient.
Der *Arbeitgeber* der geringfügig Nebenbeschäftigten muß in diesem Fall von dem Entgelt von 630 DM den Arbeitgeberanteil, der *Beschäftigte*

den Arbeitnehmeranteil für die einzelnen Zweige der Sozialversicherung – mit Ausnahme der Arbeitslosenversicherung – tragen.
Diese Regelung gilt nur für Nebenbeschäftigte, die im Hauptberuf sozialversicherungspflichtig, also in der Regel als Arbeiter oder Angestellte beschäftigt sind.

17 Wer trägt die Sozialversicherungsbeiträge?

Die Sozialversicherungsbeiträge werden jeweils hälftig vom Arbeitgeber und vom Arbeitnehmer getragen (s. Frage 16).

18 Lohnt sich ein Hauptjob mit Nebenjob noch?

Grundsätzlich lohnt sich ein Nebenjob immer dann, wenn Sie auf den Zusatzverdienst angewiesen sind. Der Nebenjob lohnt sich allerdings kaum, wenn Sie am Jahresende eine Einkommensteuernachzahlung erwartet, weil Ihr Arbeitgeber die Lohnsteuer auf der Lohnsteuerkarte nach Steuerklasse VI einbehalten hat. Versuchen Sie Ihren Nebenjob-Arbeitgeber zu bewegen, die Lohnsteuer zusammen mit den anderen Beiträgen zu begleichen. Sie könnten ja anbieten, dafür auf einen gewissen Teil Ihres Gehalts zu verzichten. Unterm Strich würden sowohl Sie als auch Ihr Arbeitgeber von der Regelung profitieren.

19 Wie sieht die Situation für einen Angestellten mit Nebenjob aus?

Beispiel
Anton Stölting verdient in seinem Hauptberuf als Lagerist 4.000,– DM brutto im Monat. Er jobbt abends in einer Gaststätte und verdient monatlich 630,– DM hinzu. Er ist bei einer Krankenkasse mit einem Beitragssatz von 13,6 Prozent versichert. Sein 630-Mark-Job wird zur Berechnung der Sozialversicherungsbeiträge mit seinem Hauptberuf zusammengerechnet.

Neben den Sozialversicherungsabgaben fallen die üblichen Steuern an. Das Gehalt aus dem Nebenjob ist steuerpflichtig; es kann entweder über eine zweite Lohnsteuerkarte Klasse VI oder pauschal durch den Arbeitgeber versteuert werden.

Berechnungsmöglichkeit 1:
Lohnsteuerabzug nach Steuerklasse

	Arbeitnehmer	**Arbeitgeber**
Gehalt	**630,00 DM**	**630,00 DM**
6,8% Krankenversicherung	−42,84 DM	+42,84 DM
0,85% Pflegeversicherung	−5,36 DM	+5,36 DM
9,75% Rentenversicherung	−61,43 DM	+61,43 DM
3,25% Arbeitslosenversicherung*	− DM	− DM
Lohnsteuer, Klasse VI	−149,41 DM	− DM
9% Kirchensteuer (NRW)	−13,45 DM	− DM

Netto-Gehalt
Arbeitnehmer   **357,52 DM**
Kosten Arbeitgeber   **739,62 DM**

* Beiträge zur Arbeitslosenversicherung werden aus der Nebenbeschäftigung nicht erhoben.

Berechnungsmöglichkeit 2:
Pauschaler Lohnsteuerabzug durch den Arbeitgeber

Übernimmt der Arbeitgeber die pauschale Lohnsteuer für den Nebenjob, ergeben sich folgende Auswirkungen:

	Arbeitnehmer	Arbeitgeber
Gehalt	**630,00 DM**	**630,00 DM**
6,8% Krankenversicherung	– 42,84 DM	+ 42,84 DM
0,85% Pflegeversicherung	– 5,36 DM	+ 5,36 DM
9,75% Rentenversicherung	– 61,43 DM	+ 61,43 DM
20% Lohnsteuer		+ 126,00 DM
5,5% Solidaritätszuschlag		+ 6,93 DM
7% Kirchensteuer		+ 8,82 DM

Auszahlung
Arbeitnehmer   520,37 DM
Kosten Arbeitgeber   881,38 DM

20 Welche Regelungen gelten für Beamte?

Als Beamter zahlen weder Ihr Dienstherr noch Sie selbst Beiträge zur Sozialversicherung – Sie erhalten ja später auch keine Leistungen. Für die Sozialversicherung erzielen Sie daher mit Ihrer Tätigkeit als Beamter keine sozialversicherungspflichtigen Einkünfte.

Üben Sie eine Nebentätigkeit auf der Basis eines 630-Mark-Jobs aus, müßte Ihr Arbeitgeber grundsätzlich 12 Prozent des Lohns an die gesetzliche Rentenversicherung und weitere 10 Prozent an die gesetzliche Krankenversicherung abführen.

Da Sie als Beamter jedoch beihilfeberechtigt sind bzw. die freie Heilfürsorge (z. B. Polizeibeamte) in Anspruch nehmen können, braucht Ihr Arbeitgeber aus Ihrem Nebenjob den Krankenkassenanteil von 10 Prozent nicht zu bezahlen.

Beispiel
Beamter Hannes Schmidt arbeitet nach Feierabend noch im Geschäft seines Bruders als Aushilfe. Hierfür haben beide ein Gehalt von 630 DM vereinbart.

Berechnungsmöglichkeit 1

Legt Hannes Schmidt seinem Bruder eine Lohnsteuerkarte (Klasse VI) vor, sieht die Rechnung folgendermaßen aus:

	Arbeitnehmer	Arbeitgeber
Gehalt	**630,00 DM**	**630,00 DM**
12% Rentenversicherung	– DM	+ 75,60 DM
Lohnsteuer, Klasse VI	– 149,41 DM	– DM
9% Kirchensteuer (NRW)	– 13,45 DM	– DM
Netto-Gehalt	**467,14 DM**	
Abzüge gesamt	**25,85%**	
Kosten Arbeitgeber		**705,60 DM**

Berechnungsmöglichkeit 2

Übernimmt der Bruder als Arbeitgeber für Hannes Schmidt die Lohnsteuer pauschal, verändert sich die Rechnung:

	Arbeitnehmer	Arbeitgeber
Gehalt	**630,00 DM**	**630,00 DM**
12% Rentenversicherung	– DM	+ 75,60 DM

20% Lohnsteuer	– DM	+ 126,00 DM
5,5% Solidaritätszuschlag	– DM	+ 6,93 DM
7% Kirchensteuer	– DM	+ 8,82 DM

Auszahlung
Arbeitnehmer   630,00 DM
Kosten Arbeitgeber   847,35 DM

21 Gibt es Sonderregelungen für Arbeitslose?

Klaus May ist arbeitslos. Um über die Runden zu kommen, hat er einen Job als Hausmeister auf der Basis einer 630-Mark-Tätigkeit angenommen.

Berechnungsmöglichkeit 1
Er legt eine Lohnsteuerkarte Klasse VI vor.

	Arbeitnehmer	Arbeitgeber
Gehalt	630,00 DM	630,00 DM
12% Rentenversicherung	– DM	+ 75,60 DM
10% Krankenversicherung	– DM	63,00 DM

Lohnsteuer, Klasse VI	−149,41 DM	+149,41 DM
9% Kirchensteuer (NRW)	−13,45 DM	+13,45 DM

Netto-Gehalt 467,14 DM
Kosten Arbeitgeber 768,60 DM

Berechnungsmöglichkeit 2
Der Arbeitgeber führt die Lohnsteuer pauschal an das Finanzamt ab.

	Arbeitnehmer	Arbeitgeber
Gehalt	**630,00 DM**	**630,00 DM**
12% Rentenversicherung	− DM	+75,72 DM
10% Krankenversicherung	− DM	+63,10 DM
20% Lohnsteuer	− DM	+126,20 DM
5,5% Solidaritätszuschlag	− DM	+6,94 DM
7% Kirchensteuer	− DM	+8,83 DM

Kosten Arbeitgeber 630,00 DM
Auszahlung Arbeitnehmer 911,79 DM

Berechnungsmöglichkeit 3

Das Arbeitslosengeld ist steuerfrei und führt daher auch nicht zu steuerpflichtigen Einkünften. Falls Herr May das ganze Kalenderjahr arbeitslos ist und keine weiteren Einkünfte bezieht und für seine Hausmeistertätigkeit Beiträge zur Rentenversicherung gezahlt werden, ist der 630-Mark-Job steuerfrei.

Der Arbeitslohn kann aber nur dann steuerfrei ausgezahlt werden, wenn Herr May eine Freistellungsbescheinigung vorlegt:

	Arbeitnehmer	Arbeitgeber
Gehalt	630,00 DM	630,00 DM
12% Rentenversicherung	– DM	+ 75,60 DM
10% Krankenversicherung	– DM	+ 63,00 DM

Auszahlung
Arbeitnehmer 630,00 DM
Kosten Arbeitgeber   **768,60 DM**

Achtung: Bevor ein arbeitslos Gemeldeter einen Nebenjob annimmt, ist dies unaufgefordert dem zuständigen Arbeitsamt mitzuteilen. Dort wird dann geprüft, ob und gegebenenfalls in welcher Höhe der Verdienst auf das Arbeitslosengeld angerechnet wird.

Von dem Verdienst werden zunächst die Steuern, Sozialversicherungsabgaben und Werbungskosten abgezogen. Darüber hinaus wird ein Freibetrag von 20 Prozent der Ihnen monatlich zustehenden Arbeitsamt-Leistungen, mindestens 315 Mark, berücksichtigt. Der Restbetrag der Einnahmen wird auf die Arbeitsamt-Leistungen angerechnet.

22 Was ist bei einer Alleinbeschäftigung zu beachten?

Erhalten Sie monatlich einen Arbeitslohn von nicht mehr als insgesamt 630 DM im Monat, muß Ihr Arbeitgeber die Sozialversicherungsbeiträge pauschal abführen: und zwar 12 Prozent vom Arbeitsentgelt an die gesetzliche Rentenversicherung und grundsätzlich 10 Prozent an die gesetzliche Krankenversicherung.

Ausnahme: Sind Sie *nicht* Mitglied bei einer gesetzlichen Krankenversicherung bzw. Familienversicherung, sind nur 12 Prozent zu zahlen.

23 Wann braucht der Arbeitgeber keine Krankenkassenbeiträge zu zahlen?

Krankenkassenbeiträge sind für 630-Mark-Jobber, die nicht Mitglied einer gesetzlichen Krankenversicherung und auch nicht als Familienmitglied in einer Krankenkasse mitversichert sind, nicht zu zahlen.

Hierzu zählen beispielsweise auch Beamte und privat krankenversicherte Selbständige. Bei diesem Personenkreis bezahlt der Arbeitgeber nur 12 Prozent Rentenversicherungsbeiträge; Krankenversicherungsbeiträge werden nicht fällig.

24 Wie hoch ist der Krankenversicherungsanteil?

Der pauschale Krankenversicherungsanteil beträgt 12 Prozent des Arbeitslohns. Ihr Arbeitgeber kann diesen pauschalen Anteil aber nur dann überweisen, wenn Sie insgesamt keine sozialversicherungspflichtigen Einkünfte von mehr als 630 DM erzielen.

Liegen Ihre Einkünfte darüber, sind folgende

Beiträge fällig, die sowohl von Ihnen als auch von Ihrem Arbeitgeber zu zahlen sind:

Arbeitgeber-/ Arbeitnehmeranteil
zur Krankenversicherung* 6,80%
Arbeitgeber-/Arbeitnehmeranteil
zur Pflegeversicherung 0,85%

* Durchschnittswert

25 Welche Rentenversicherungsbeiträge sind fällig?

Als Arbeitgeber zahlen Sie für Ihren 630-Mark-Mitarbeiter seit dem 1. April 1999 12 Prozent des Arbeitsentgelts pauschal an die Sozialversicherung. Hieraus kann sich ein geringer Rentenanspruch Ihres Mitarbeiters ergeben (s. Frage 27).

26 Erfordert die Altersrente Wartezeit?

Damit Sie in den Genuß der sogenannten Regelaltersrente kommen, müssen Sie eine Wartezeit (= eingezahlte Beiträge) von fünf Jahren

(60 Monate) vorweisen können. Erst ab dieser Zeit werden Zeiten der rentenversicherungspflichtigen Beschäftigung oder Tätigkeit sowie die Zeiten der Kindererziehung (40 DM je Kind) berücksichtigt.

27 Wie hoch ist mein Rentenanspruch?

Übt Ihr Mitarbeiter eine geringfügig entlohnte Beschäftigung mit einem Verdienst von 630 DM ein ganzes Jahr lang aus, erwirbt er einen monatlichen Rentenanspruch von 4,17 DM. Gleichzeitig werden immerhin 1,4 Monate für die Wartezeit berücksichtigt.

28 Wann kann ich den Rentenversicherungsbeitrag aufstocken?

Sie haben die Möglichkeit, die vollwertigen Rentenversicherungsansprüche durch Aufstokkung des pauschalen Arbeitgeberbeitrags von 12 Prozent auf 19,5 Prozent zu erwerben.
Hierzu zählt z. B. der Anspruch auf Rehabilitation, Rente wegen Berufs- und Erwerbsunfä-

higkeit, vorgezogene Altersrenten, Rentenberechnung nach Mindesteinkommen.

Nach Informationen des Bundesministeriums für Arbeit und Sozialordnung haben bisher (November '99) von den 630-Mark-Jobbern 90 000 von der Möglichkeit Gebrauch gemacht, die Rentenbeiträge aufzustocken.

29 Muß der Arbeitgeber über die Aufstockungsmöglichkeit des Rentenversicherungsbeitrags informieren?

Als Arbeitgeber sind Sie verpflichtet, Ihren Mitarbeiter über die Möglichkeit der Rentenverbesserung (s. Frage 28) zu unterrichten. Am besten lassen Sie sich diese Belehrung schriftlich bestätigen und nehmen die Unterlagen mit zum Lohnkonto Ihres Mitarbeiters.

30 Welchen Vorteil bietet Aufstockung?

Der Vorteil liegt eindeutig darin, daß dem Arbeitnehmer das volle Spektrum der Rentenversicherung zur Verfügung steht. Inwieweit diese Absicherung nicht bereits auf andere Art und Weise erreicht wurde, sollte jeder mit einem Rentenberater besprechen.

31 Wie wirkt sich die Aufstockung bei Arbeitslöhnen von mehr als 300 Mark aus?

Der Arbeitnehmer muß zusätzlich 7,5 Prozent aufbringen.

Beispiel
Ihr Verdienst beträgt monatlich 630 DM. Sie entschließen sich dazu, den Rentenversicherungsbeitrag von 12 Prozent auf 19,5 Prozent aufzustocken, und bezahlen hierfür 47,25 DM (7,5 Prozent von 630 DM).

Nach einem Jahr erwerben Sie einen monatlichen Rentenanspruch von derzeit 6,79 DM statt 4,17 DM sowie 12 Pflichtbeitragsmonate (statt 1,4 Monate), die im vollen Umfang bei den Wartezeiten und bei den besonderen versicherungsrechtlichen Voraussetzungen berücksichtigt werden.

32 Welche Konditionen gelten für die Aufstockung bei Arbeitslöhnen von unter 300 Mark?

Erhalten Sie monatlich weniger als 300 Mark, können Sie trotzdem den Arbeitgeberanteil von 12 Prozent auf 19,5 Prozent aufstocken. Allerdings beträgt der Mindestbeitrag immer 58,50 DM (19,5% x 300,– DM). Sie zahlen in diesem Fall monatlich die Differenz zwischen dem von Ihrem Arbeitgeber an die Rentenversicherung gezahlten Betrag und den 58,50 DM.

Beispiel
Sie verdienen monatlich 200 DM. Ihr Arbeitgeber führt 24 DM (12% x 200 DM) pauschal an die Rentenversicherung ab. Sie zahlen dann den Differenzbetrag von 34,50 DM (58,50 DM abzüglich 24 DM).

33 Besteht Meldepflicht für den Arbeitgeber?

Alle geringfügigen Arbeitsverhältnisse müssen wie andere Arbeitsverhältnisse auch der Sozialversicherung gemeldet werden. Somit müssen auch Beschäftigungen mit einem monatlichen Verdienst bis zu 630 Mark gemeldet werden.

Der Arbeitgeber ist verpflichtet, nicht nur An- und Abmeldungen, sondern auch alle anderen Meldungen (z. B. Heirat) an die zuständige Krankenkasse zu richten.

Für kurzfristige Beschäftigungen von längstens zwei Monaten oder höchstens 50 Arbeitstagen im Jahr sind keine Unterbrechungsmeldungen und Jahresmeldungen abzugeben.

34 Wann erwartet die Krankenkasse die Anmeldung?

Sobald Sie einen 630-Mark-Jobber beschäftigen, müssen Sie ihn bei der Krankenkasse anmelden – dies sollte innerhalb von vier Wochen nach Arbeitsbeginn geschehen, da die Krankenkassen berechtigt sind, bei verspäteten Meldungen Bußgelder festzusetzen.

Achtung: Sofern Sie bereits vor dem 31. März 1999 eine Aushilfe beschäftigt haben, müssen Sie diese zum 01. April 1999 (auch nachträglich möglich) neu anmelden.

35 Wo muß der Arbeitgeber die 630-Mark-Jobber anmelden?

Die Meldungen sind bei der Krankenkasse einzureichen, bei der Ihr Arbeitnehmer versichert ist oder zuletzt versichert war.
Bei Arbeitnehmern, die noch keiner gesetzlichen Krankenkasse angehören, können Sie die Krankenkasse selbst auswählen. Da es kleinere Beitragsunterschiede gibt, fragen Sie bei einigen Ortskrankenkassen nach, um sich die günstigste auszusuchen.

36 Was ist bei Haushaltshilfen zu beachten?

Auch geringfügig beschäftigte Arbeitnehmer in privaten Haushalten nehmen jetzt an dem allgemeinen Meldeverfahren teil. Dazu benötigen die privaten Arbeitgeber wie andere Arbeitgeber eine Betriebsnummer. Diese vergibt das zuständige Arbeitsamt. Unter dieser Betriebsnummer melden Sie die geringfügig Beschäftigten unter Angabe von deren Sozialversicherungsnummer bei der Krankenkasse an.

Dazu kann auch der Haushaltsscheck verwendet werden.

Achtung: Sie sind als Arbeitgeber verpflichtet, Ihre 630-Mark-Kraft über die Möglichkeit aufzuklären, daß sie die Rentenversicherungsbeiträge freiwillig aufstocken kann (s. Frage 29). Macht Ihr Mitarbeiter hiervon Gebrauch, überweisen Sie nach wie vor Ihren pauschalen Arbeitgeberbeitrag von 12 Prozent gemeinsam mit dem Arbeitnehmerbeitrag unter Angabe der Versicherungsnummer an die zuständige Krankenkasse, die den Rentenversicherungsbeitrag an den zuständigen Versicherungsträger weiterleitet. Den Arbeitnehmerbeitrag ziehen Sie einfach vom Bruttolohn Ihres 630-Mark-Jobbers ab.

Teil 3
NEU: Die Änderungen beim Steuerrecht

37 Wann ist der 630-Mark-Job steuerfrei?

Nach der bis zum 31. März 1999 geltenden Regelung konnten Sie als Arbeitnehmer arbeiten, ohne daß Sie eine Lohnsteuerkarte vorlegen mußten. Ihr Arbeitgeber hat dann 20 Prozent pauschale Lohnsteuer an den Fiskus abgeführt. Hinzu kamen weitere 5,5 Prozent Solidaritätszuschlag und gegebenenfalls 4,5 Prozent bis 7 Prozent Kirchensteuer. Die Entgelthöchstgrenze betrug für die alten und für die neuen Bundesländer einheitlich 630 Mark (1998: 620 Mark). Die von Ihrem Arbeitgeber pauschal abgeführte Lohnsteuer hatte einen sogenannten Abgeltungscharakter; eine Versteuerung fand in Ihrer Einkommensteuererklärung nicht mehr statt.

Nach dem 1. April 1999 sind die Einnahmen aus dem 630-Mark-Job nur dann steuerfrei, wenn Sie keine anderen positiven Einkünfte erzielen und der Arbeitgeber pauschale Beiträge an die Rentenversicherung zahlt. Insgesamt gibt es drei verschiedene Möglichkeiten der steuerlichen Behandlung (s. Frage 40).

38 Was ist steuerfrei?

Als steuerfreie Einnahmen gelten z. B. Mutterschaftsgeld, Arbeitslosenhilfe und Wohngeld.

39 Was geschieht mit den Einkünften des Ehegatten?

Die Einkünfte des Ehegatten bleiben immer außer Ansatz. Ob und in welcher Höhe Sie über Einkünfte verfügen, stellt die Finanzverwaltung anhand Ihres Freistellungsantrages oder Ihrer Einkommensteuererklärung des Vorjahres fest. Dabei werden die Einkünfte Ihres Ehegatten bei Ihnen nicht angerechnet. Dies gilt vor allem auch dann, wenn Sie eine sogenannte Zusammenveranlagung abgeben.

40 Welche drei Möglichkeiten der Besteuerung gibt es?

Um die fiskalischen Auswirkungen der 630-Mark-Jobs richtig beurteilen zu können, ist

zwischen drei verschiedenen Möglichkeiten der Besteuerung zu unterscheiden. Dies sind
- Freistellungsverfahren (s. Frage 41),
- Besteuerung nach Lohnsteuerkarte (s. Frage 59),
- Pauschale Lohnversteuerung durch den Arbeitgeber (s. Frage 64).

41 Was bedeutet Freistellung von der Lohnsteuer?

Können Sie Ihrem Arbeitgeber eine Freistellungsbescheinigung (beim Wohnsitzfinanzamt erhältlich) vorlegen, zahlt dieser den Lohn steuerfrei aus.

Der Arbeitgeber hat allerdings
- 12 Prozent des Arbeitsentgelts pauschal an die Rentenversicherung und
- grundsätzlich weitere 10 Prozent an die Krankenversicherung abzuführen.

Die Finanzverwaltung prüft zuvor, ob Sie andere positive Einkünfte erzielen. Ist dies der Fall, kann eine Freistellungsbescheinigung nicht erteilt werden.

Die Vorlage einer Lohnsteuerkarte ist nicht

notwendig, wenn das Finanzamt eine Freistellungsbescheinigung erteilt.

Beispiel 1
Angi Wagner erzielt im Jahr 2000 voraussichtlich einen Bruttoarbeitslohn als Angestellte in Höhe von 45.000 DM; weitere Einnahmen hat sie nicht. Da es sich hierbei um positive Einkünfte handelt, kann sie für einen 630-Mark-Job keine Freistellungsbescheinigung erhalten.

Beispiel 2
Andrea Tochtrop kümmert sich um den Haushalt und ihren einjährigen Sohn Max. Weitere Einnahmen hat sie nicht. Somit erhält sie eine Freistellungsbescheinigung, da sie keine positiven Einkünfte erzielt. Daß ihr Mann als Angestellter einen voraussichtlichen Bruttoarbeitslohn von 80.000 DM im Jahr 2000 erzielt, ist unbeachtlich.

42 Wo erhalte ich meine Freistellungsbescheinigung?

Die für den 630-Mark-Job benötigte Freistellungsbescheinigung erhalten Sie bei Ihrem Wohnsitzfinanzamt.

Als Wohnsitzfinanzamt wird immer das Finanzamt bezeichnet, in dessen Einzugsbereich Sie wohnen. Auf den Beschäftigungsort kommt es nicht an.

Beispiel
Sie wohnen im Einzugsbereich des Finanzamts Lippstadt, arbeiten aber im rund 35 km entfernten Gütersloh, das zum Finanzamtsbereich Wiedenbrück gehört. Ihre Freistellungsbescheinigung beantragen Sie in Lippstadt.

Sofern Sie über ein Fax-Gerät verfügen, können Sie den Antrag per Faxabruf unter 0180/5 15 15 12 (0,23 DM/21 Sek.) abrufen oder im Internet kostenlos auf den Internetseiten des Bundesministeriums für Arbeit und Soziales unter www.bma.bund.de herunterladen.

43 Was ist beim Antrag zur Freistellung meines 630-Mark-Jobs zu beachten?

Füllen Sie den Antrag leserlich, am besten mit Kugelschreiber aus. Neben den Angaben zu Ihrem Namen und Ihrer Anschrift ist auch die Angabe Ihrer Steuernummer vorgesehen. Die Steuernummer können Sie entweder Ihrem letzen Steuerbescheid entnehmen oder Sie fragen Ihren Sachbearbeiter.

44 Welche Angaben sind hierbei besonders wichtig?

Entscheidend dafür, ob Ihnen eine Bescheinigung zur Steuerfreistellung ausgestellt werden kann oder nicht, sind Ihre Angaben im unteren Teil des Antrags, vor allem zu Ihrem bisherigen Arbeitsverhältnis.

Geben Sie z. B. an, daß Sie nur einen 630-Mark-Job ausüben wollen, daneben aber über keine weiteren Einkünfte (s. Frage 45) verfügen, werden Sie die Freistellungsbescheinigung problemlos erhalten.

Gehen Sie allerdings noch einer Haupttätigkeit nach, bei der Sie monatlich z. B. 2.000 DM brutto verdienen, kann Ihnen die Freistellungsbescheinigung nicht ausgestellt werden.

45 Was sind für den Fiskus »andere Einkünfte«?

Unter Einkünfte werden nach dem Einkommensteuergesetz folgende Einkunftsarten verstanden:
1. Einkünfte aus Land- und Forstwirtschaft (s. Frage 46)
2. Einkünfte aus Gewerbetrieb (z. B. Handwerksbetrieb) (s. Frage 47)
3. Einkünfte aus selbständiger Tätigkeit (z. B. Arzt, Architekt (s. Frage 48)
4. Einkünfte aus nichtselbständiger Tätigkeit (Arbeitnehmer) (s. Frage 49)
5. Einkünfte aus Kapitalvermögen (Zinsen, Dividenden) (s. Frage 50)
6. Einkünfte aus Vermietung und Verpachtung (s. Frage 52)
7. sonstige Einkünfte (Ertragsanteile bei Renten: Frage 54, Spekulationsgewinne: Frage 53).

Alle Einkünfte, die nicht den sieben oben genannten Einkunftsarten zugeordnet werden können, werden steuerlich nicht erfaßt. So ist z. B. ein Lottogewinn steuerfrei.

Achtung: Auch die Unterhaltszahlungen des

geschiedenen Ehegatten zählen mit zu den steuerpflichtigen Einkünften. Voraussetzung ist allerdings, daß Sie die *Anlage U* unterschrieben haben und der Ehegatte hierfür den Sonderausgabenabzug in Anspruch nimmt.

Alle Einkünfte sind bei den Gewinneinkunftsarten (Nr. 1 bis 3) der Gewinn, also der Überschuß der Betriebseinnahmen über den Betriebsausgaben. Bei den Einkunftsarten 4 bis 7 sind die Einkünfte der Überschuß der Einnahmen über den Werbungskosten.

Einnahmen
abzüglich Werbungskosten / Betriebsausgaben
———————————————————————
Überschuß / Gewinn

46 Was sind Einkünfte aus land- und forstwirtschaftlicher Tätigkeit?

Zu den Einkünften aus Land- und Forstwirtschaft zählen z. B. Einnahmen aus Landwirtschaft, Forstwirtschaft, Weinbau, Gartenbau, Obstbau, Gemüsebau, Baumschulen sowie Tierzucht und Tierhaltung.

47 Was sind Einkünfte aus gewerblicher Tätigkeit?

Einkünfte aus Gewerbebetrieben erzielen grundsätzlich nur Unternehmer. Als Unternehmer können Sie frei entscheiden, ob und wann Sie einen Auftrag annehmen. Sie können über Ihre Arbeitszeit frei verfügen und unterliegen keinen Weisungen. Sie tragen das volle Unternehmerrisiko, können aber im Gegenzug auch den vollen Unternehmergewinn für sich beanspruchen.

Einkünfte aus Gewerbebetrieb erzielen Sie immer dann, wenn Sie beispielsweise folgende Tätigkeiten ausüben bzw. betreiben:

- Anlageberater
- Detektiv
- Fitness-Studio
- Fotomodell
- Handelsvertreter
- Handwerksbetrieb
- Hausverwalter
- Hellseher
- Makler
- Versicherungsvertreter

48 Was sind Einkünfte aus selbständiger Tätigkeit?

Einkünfte aus selbständiger Arbeit erzielen Sie immer dann, wenn Sie selbständig eine Tätigkeit ausüben,
- die zu den sogenannten Katalogberufen im Sinn des Einkommensteuergesetzes gehört,
- die den Katalogberufen ähnelt oder wenn
- die Tätigkeit wissenschaftlichen, künstlerischen, schriftstellerischen, unterrichtenden bzw. erzieherischen Charakter hat.

Hinweis: Neben dem Ausdruck »selbständiger Tätigkeit« wird oftmals der Begriff »Freiberufler« verwendet, der den gleichen Sachverhalt zum Inhalt hat.

Katalogberufe
Einkünfte aus selbständiger Arbeit erzielen Sie immer dann, wenn Sie folgende Tätigkeiten ausüben (diese Berufe werden auch als Katalogberufe bezeichnet, da sie im Einkommensteuergesetz ausdrücklich genannt sind):
Architekten, Ärzte, beratende Volks- und Betriebswirte, Dentisten, Dolmetscher, Handels-

chemiker, Heilpraktiker, Ingenieure, Journalisten, Krankengymnasten, Lotsen, Notare, Patentanwälte, Rechtsanwälte, Steuerberater, Steuerbevollmächtigte, Tierärzte, Übersetzer, vereidigte Buchprüfer, Vermessungsingenieure, Wirtschaftsprüfer, Zahnärzte.

49 Was sind Einkünfte aus nichtselbständiger Tätigkeit?

Sofern Sie als Arbeiter, Angestellter oder Beamter tätig sind, erzielen Sie Einkünfte aus sogenannter nichtselbständiger Tätigkeit. Von Ihren Einnahmen werden Ihre Werbungskosten abgezogen. Der verbleibende Betrag sind dann Ihre Einkünfte. Sollten Ihre Werbungskosten größer als Ihre Einnahmen sein, erzielen Sie negative Einkünfte, die Sie mit anderen Einkunftsarten verrechnen können.

50 Was sind Einkünfte aus Kapitalvermögen?

Bei der Überprüfung der Steuererklärungen stoßen die Finanzämter jedes Jahr auf eine seltsame Begebenheit: Kaum ein Bundesbürger verfügt über nennenswerte Einnahmen aus Kapitalvermögen.

Stimmen dagegen die Angaben der Deutschen Bundesbank, erhalten die Bundesbürger jährlich Milliardenbeträge aus Zinserträgen. Sie werden sich nun sicherlich fragen, ob die Bundesbank mit ihrer Darstellung recht hat?

Es ist ein offenes Geheimnis, daß gerade bei der Ermittlung der Einnahmen aus Kapitalvermögen viele Fehler unterlaufen.

Einnahmen

Einnahmen aus Kapitalvermögen kann nur derjenige erzielen, der über einen Kapitalstamm (Geld) verfügt, den er anderen zur Nutzung überläßt. Besteuert wird somit ein sogenanntes Nutzungsentgelt (z. B. Zinsen). Eine Besteuerung des Kapitalstammes wird nicht vorgenommen. Anders ist dies z. B. bei der Erbschafts- und Schenkungssteuer.

Üblicherweise erhalten Sie Ihre Einnahmen aus Kapitalvermögen als Geldleistung in Form von Zinsen oder Dividenden.

Beispiel
Sie unterhalten bei Ihrer Direktbank ein Tagesgeldkonto, auf dem Ihnen am Monatsende 300,– DM Zinsen gutgeschrieben werden.

Diese sind als Einnahmen aus Kapitalvermögen zu erfassen.

51 Können Sachleistungen auch als Kapitaleinnahmen gelten?

Es ist gar nicht so selten, daß Sie z. B. einem Freund oder einer Freundin ein Darlehen gewähren und hierfür kein Geld als Gegenleistung erhalten. Wegen Zahlungsschwierigkeiten Ihres Freundes erhalten Sie anstatt des Geldbetrags Naturalien. In diesem Fall ist der Wert der erhaltenen Naturalien als Zinseinnahmen anzusetzen.

Beispiel
Sie gewähren Ihrem Bruder ein Darlehen von

30.000 DM und vereinbaren einen Zinssatz von 5 Prozent, zahlbar am Ende eines jeden Jahres; nach sechs Jahren soll Ihnen das Darlehen in einer Summe zurückgezahlt werden. Am Ende des vierten Jahres hat Ihr Bruder ein kurzfristiges Liquiditätsproblem und kann die vereinbarten Zinsen nicht bezahlen. Statt dessen erhalten Sie sein neues, bisher noch nicht eingebautes Autoradio samt CD-Wechsler, das in Ihrer Stadt rund 1.700 DM kosten würde.

In diesem Fall haben Sie eine Zinszahlung nicht in Geld, sondern in Naturalien erhalten, die mit dem üblichen Preis am Abgabeort zu erfassen sind. Da der ortsübliche Verkaufspreis in Ihrer Stadt 1.700 DM beträgt, müssen Sie diesen Betrag als Einnahme erfassen. Unberücksichtigt bleibt dabei, daß die Zinszahlung lediglich 1.500 DM betragen würde.

52 Was sind Einkünfte aus Vermietung und Verpachtung?

In der Anlage V, die als separate Anlage beim Finanzamt erhältlich ist (V steht für Vermietung), werden Ihre Einkünfte aus Vermietung und Verpachtung erfaßt. Der Unterschied zwischen beiden Begriffen liegt darin, daß rechtlich eine Vermietung immer dann vorliegt, wenn Sie eine Sache einem anderen entgeltlich zum Gebrauch überlassen (§ 35 BGB). Von einer Verpachtung (§ 581 BGB) spricht man immer dann, wenn Sie zusätzlich zur Gebrauchsüberlassung dem anderen das Recht zur Fruchtziehung einräumen. Dies würde z. B. dann der Fall sein, wenn Sie einem Handwerker eine Werkstatt vermieten. Aus Vereinfachungsgründen wird nachfolgend auf diese Unterscheidung verzichtet, und wir sprechen kurz von den Einkünften aus Vermietung und Verpachtung.

Sie erzielen immer dann Einkünfte aus Vermietung und Verpachtung, wenn Sie Einnahmen beziehen aus

- einem bebauten Grundstück (vermietetes Haus oder Eigentumswohnung),
- einzelnen vermieteten Räumen,
- bebauten Grundstücken, wie z. B. einem Parkplatz, unbeweglichem Vermögen (z. B. Schiffen) und Sachinbegriffen (z. B. Geschäftseinrichtung) sowie aus der Überlassung von Rechten (z. B. Kiesausbeuterecht),

- Untervermietung von gemieteten Räumen,
- Beteiligungen an Grundstücks- oder Erbengemeinschaften.

53 Was sind sonstige Einkünfte (Aktiengewinne)?

Wie bereits erwähnt, unterliegen nicht nur die Zinseinnahmen der Einkommensteuer, sondern unter bestimmten Voraussetzungen auch Kursgewinne aus Aktienverkäufen.

Der Fiskus besteuert den Veräußerungsgewinn eines Wertpapiers (z. B. Aktien, Bundeswertpapiere, Investmentfonds etc.) immer dann, wenn zwischen Kauf- und Verkauf ein Zeitraum von nicht mehr als 12 Monaten liegt. Veräußern Sie die Wertpapiere *nicht* innerhalb dieser Frist, so erzielen Sie – im Privatvermögen- auch keinen steuerpflichtigen Veräußerungsgewinn.

Beispiel
Sie versprechen sich einen hohen Kursgewinn und kaufen Aktien für 30.000 DM am 2.Januar 2000. Am 2. Mai 2000 haben die Aktien ein neues Hoch erreicht, und Sie veräußern sie für 45.000 DM.

In diesem Fall haben Sie die Rechnung ohne den Fiskus gemacht. Da zwischen An- und Verkauf der Aktien weniger als 12 Monate liegen, ist der Veräußerungsgewinn von 15.000 DM (45.000 DM – 30.000 DM) in vollem Umfang steuerpflichtig. Hätten Sie bis zum 3. Januar 2001 gewartet, wären die zwölf Monate verstrichen und Sie hätten den Gewinn steuerfrei vereinnahmen können.

54 Wie sieht es mit den Einkünften als Rentner aus?

Werden zukünftige Rentner befragt, ob ihre Rente steuerpflichtig ist, verneinen sie dies zumeist. Diese Auffassung ist leider nur bedingt richtig. Tatsächlich ist es so, daß die Rente mit dem sogenannten Ertragsanteil besteuert wird, der sich nach dem Renteneintrittsalter richtet. Sofern keine Werbungskosten entstanden sind, berücksichtigt die Finanzverwaltung automatisch einen Betrag von 200 DM je Person. Dies gilt auch in den Fällen, in denen Ihre Werbungskosten weniger als 200 DM pro Person betragen.

Beispiel

Mit Vollendung seines 64. Lebensjahres scheidet Fritz Schulz aus dem Arbeitsleben aus. Seine monatliche Rente beträgt 2.000 DM. Der Ertragsanteil ist vom Lebensalter bei Beginn der Rentenzahlung abhängig und beträgt bei Herrn Schulz 28 Prozent. Der Fiskus rechnet jetzt wie folgt:

Rente 2.000,– DM x 12 Monate	24.000,– DM
steuerpflichtiger Ertragsanteil (28%)	6.720,– DM
abzgl. Werbungskosten	–200,– DM
Einkünfte	**6.520,– DM**

Tip: Legen Sie dem Arbeitgeber Ihres Aushilfsjobs eine Lohnsteuerkarte Steuerklasse III vor: Dann wird bei einem Verdienst von monatlich 630 DM keine Lohnsteuer fällig.

55 Habe ich Nachteile durch Unterhaltsleistungen?

Unterhaltsleistungen an den geschiedenen oder getrennt lebenden Ehegatten sind bis zu

27.000 DM im Kalenderjahr als Sonderausgaben abzugsfähig.

Erhaltene Unterhaltsleistungen werden als steuerpflichtige Einnahmen erfaßt (sogenanntes Realsplitting).

Dazu ist es allerdings notwendig, daß beide Seiten der Versteuerung zustimmen. In diesem Fall ist immer die Anlage »U« auszufüllen und von beiden (ehemaligen) Ehegatten zu unterschreiben.

Haben Sie der Versteuerung (Realsplitting) zugestimmt, erhalten Sie keine Freistellungsbescheinigung mehr, da die Unterhaltsleistungen zu Ihren Einkünften zählen. Erzielen Sie aber darüber hinaus keine weiteren Einkünfte, legen Sie Ihrem Arbeitgeber eine Lohnsteuerkarte mit Klasse I oder II vor, und es wird keine Lohnsteuer einbehalten.

56 Werden auch negative Einkünfte berücksichtigt?

Die Finanzverwaltung berücksichtigt natürlich auch negative Einkünfte. Die Einkünfte der einzelnen Einkunftsarten werden zusammengerechnet. Ergibt sich insgesamt ein Verlust, erhalten Sie die Freistellungsbescheinigung.

Beispiel
Als Arbeitnehmer erzielen Sie Einnahmen von 24.000 DM. Werbungskosten sind Ihnen nicht entstanden, so daß der Werbungskostenpauschalbetrag vom 2000 DM automatisch berücksichtigt wird. Aus Ihrer vermieteten Wohnung erzielen Sie wegen hoher Abschreibungen einen Verlust von 23.000 DM.

Der Fiskus rechnet wie folgt:

Einnahmen	24.000,– DM
Werbungskosten	– 2.000,– DM
Einkünfte Arbeitnehmer	22.000,– DM
Einkünfte Vermietung und Verpachtung	– 23.000,– DM
Einkünfte gesamt	**– 1.000,– DM**

Da Ihre Einkünfte negativ sind, können Sie die Freistellungsbescheinigung erhalten.

57 Wie mache ich Verluste aus einer nebenberuflichen Dozententätigkeit geltend?

Damit Sie Ihre Verluste z. B. aus einer nebenberuflichen Tätigkeit anführen können, müssen Sie Ihrem Finanzamt eine Gewinnermittlung vorlegen, die wie folgt aussehen könnte:

Einnahmen:	1999
Einnahmen ohne Umsatzsteuer	1.500,– DM
vereinnahmte Umsatzsteuer	240,– DM
Summe der Einnahmen:	**+ 1.740,– DM**
Ausgaben:	
Abschreibung Computer	236,– DM
Porto	26,– DM
Telefon	215,– DM
Fahrtkosten	456,– DM
Bürobedarf	248,– DM
Fachliteratur	417,30 DM
Bewirtungskosten 80%	260,– DM
Sonstige Kosten	23,36 DM
vereinnahmte Vorsteuer	256,– DM
Summe der Ausgaben:	**– 2.137,66 DM**
Gewinn/Verlust	**– 398,– DM**

58 Was hat der Arbeitgeber bei der Freistellung zu beachten?

Nachdem Ihr Arbeitnehmer bei seinem Wohnsitzfinanzamt eine Freistellungsbescheinigung beantragt hat, erhält er die Freistellungsbescheinigung »Bescheinigung zur Steuerfreistellung des Arbeitslohns für ein geringfügiges Beschäftigungsverhältnis«, die Ihnen im Original vorzulegen ist.

Das Finanzamt hat bereits Namen, Anschrift, Geburtsdatum und Steuernummer Ihres Mitarbeiters eingetragen und das Formular mit einem Dienstsiegel versehen.

Als Arbeitgeber müssen Sie folgende Angaben auf der Freistellungsbescheinigung eintragen:
- Name, Geburtsdatum und Anschrift des Arbeitnehmers,
- Dauer des Beschäftigungsverhältnisses,
- Höhe des steuerfreien Arbeitslohns (12 Prozent an die Rentenversicherung sind bereits abgezogen),
- etwaige steuerfreie Arbeitgeberleistungen für Fahrten zwischen Wohnung und Arbeitsstätte,
- pauschalbesteuerte Arbeitgeberleistungen

für Fahrten zwischen Wohnung und Arbeitsstätte sowie
- Ihre Anschrift als Arbeitgeber. Vergessen Sie bitte nicht, die Bescheinigung zu unterschreiben.

Achtung: Kündigt Ihr Arbeitnehmer oder kündigen Sie ihm, sind Sie verpflichtet, die Freistellungsbescheinigung auszufüllen und sie Ihrem Arbeitnehmer auszuhändigen. Er benötigt sie eventuell zur Vorlage bei einem neuen Arbeitgeber.

59 Wie wird mein 630-Mark-Job über die Lohnsteuerkarte abgerechnet?

Sie haben natürlich immer die Möglichkeit, Ihrem Arbeitgeber eine Lohnsteuerkarte vorzulegen. In Abhängigkeit Ihrer persönlichen Voraussetzungen behält der Arbeitgeber die Lohnsteuerabzugsbeträge, entsprechend der Steuerklasse, ein.

Sofern Sie für Ihren 630-Mark-Job eine Steuerkarte der Klasse I, II oder III besitzen, können Sie sie Ihrem Arbeitgeber bedenkenlos vorlegen. In diesen Fällen wird bei einem Verdienst von 630 DM keine Lohnsteuer einbehalten. Verfügen Sie über keine weiteren Einkünfte, zahlen Sie keine Steuern.

Am Jahresende muß Ihr Arbeitgeber den von Ihnen verdienten Betrag auf Ihrer Lohnsteuerkarte eintragen und sie Ihnen aushändigen.

Problematischer wird es, wenn Sie einen Hauptjob ausüben und daneben eine weitere Lohnsteuerkarte benötigen. Sie erhalten dann die Lohnsteuerklasse VI. Bei einem Monatsverdienst von 630 DM behält Ihr Arbeitgeber folgende Beträge ein:

Lohnsteuerabzug nach Steuerklasse VI

Gehalt	Arbeitnehmer 630,00 DM	Arbeitgeber 630,00 DM
z. B. 6,8% Krankenversicherung	−42,84 DM	+42,84 DM
0,85% Pflegeversicherung	−5,36 DM	+5,36 DM
9,75% Rentenversicherung	−61,43 DM	+61,43 DM
Arbeitslosenversicherung*	− DM	− DM
Lohnsteuer, Klasse VI	−149,41 DM	− DM

9% Kirchensteuer (NRW)	– 13,45 DM	– DM

Netto-Gehalt	**357,51 DM**	
Abzüge gesamt	**43,25%**	
Kosten Arbeitgeber		**739,63 DM**

*Beiträge zur Arbeitslosenversicherung werden aus der Nebenbeschäftigung nicht erhoben.

60 Welche Lohnsteuerklasse ist vorteilhafter?

Am besten wäre es, wenn Sie eine Lohnsteuerkarte der Klassen I, II, III oder IV Ihrem Arbeitgeber vorlegen könnten, da dann Ihre Einnahmen aus dem 630-Mark-Job in jedem Fall steuerfrei sind. Kein Lohnsteuerabzug erfolgt nämlich bei monatlichen Verdiensten von bis zu (Stand 1999):

Klasse	**Gehalt bis**
VI	4,65 DM
V	171,15 DM
IV	1.579,65 DM
III	2.952,15 DM

| II | 2.133,15 DM |
| I | 1.579,65 DM |

61 Was ist, wenn ich bei mehreren Arbeitgebern arbeite?

Sind Sie für mehrere Arbeitgeber tätig, benötigen Sie in der Regel auch mehrere Steuerkarten. Ihre Steuerkarte der Klasse I, II, III oder IV sollten Sie Ihrem Hauptarbeitgeber vorlegen, da so der geringstmögliche Steuerabzug erfolgt. Bei den anderen Nebenjobs muß der jeweilige Arbeitgeber höhere Lohnsteuerabzugsbeträge in Abhängigkeit Ihrer Steuerklasse für den Fiskus einbehalten.

Am Jahresende wird durch die Finanzverwaltung die endgültige Steuer errechnet. Leider führt dies in den meisten Fällen zu einer Nachzahlung, wenn Sie in Ihrem Nebenjob auf Steuerklasse VI gearbeitet haben.

62 Muß ich eine Einkommensteuererklärung abgeben?

Sofern Sie zeitgleich für verschiedene Arbeitgeber tätig sind, sind Sie nach dem EStG verpflichtet, eine Einkommensteuererklärung abzugeben. Dies gilt auch in den Fällen, in denen Sie Arbeitslohn nach Steuerklasse V oder VI bezogen haben.

Achtung: Beantragen Sie beim Finanzamt zwei Freistellungsbescheinigungen für zwei verschiedene Nebenjobs, sind Sie ebenfalls verpflichtet, eine Einkommensteuererklärung abzugeben. Beenden Sie hingegen bei Ihrem ersten Nebenjob das Beschäftigungsverhältnis und beginnen anschließend bei einem anderen Arbeitgeber eine andere Tätigkeit, lassen Sie sich bei Ihrem Ex-Arbeitgeber auf jeden Fall Ihre alte Freistellungsbescheinigung aushändigen. Dann benötigen Sie keine weitere.

63 Wie greift das Finanzamt ein?

Wenn Sie eine Einkommensteuererklärung abgeben, wird im Finanzamt die Jahressteuerschuld errechnet. Stellt sich dabei heraus, das die ursprüngliche Freistellungsbescheinigung nie hätte erteilt werden dürfen, fordert die Finanzverwaltung die Steuern nun nachträglich ein.

Beispiel
Michaela Meier ist momentan Hausfrau und erzielt keine Einkünfte. Da sie bei zwei Arbeitgebern zeitgleich arbeiten möchte (Gesamtverdienst unter 630 DM), beantragt sie beim Finanzamt zwei Freistellungsbescheinigungen, die Sie auch erhalten hat.

Sollte sich im Rahmen der Einkommensteuerveranlagung herausstellen, daß sie beim ersten Arbeitgeber 330 DM und beim zweiten 350 DM verdient hat, werden die 680 DM als Arbeitslohn in voller Höhe angesetzt.

64 Was ist unter dem Begriff Pauschalbesteuerung zu verstehen?

Der Arbeitgeber hat die Möglichkeit, auf die Vorlage einer Lohnsteuerkarte zu verzichten und neben den Sozialversicherungsbeiträgen die Lohnsteuer pauschal abzuführen, sofern sie bestimmte Grenzen nicht überschreiten.
Übernimmt Ihr Arbeitgeber die Lohnsteuer pauschal, brauchen Sie Ihren Verdienst in Ihrer Steuererklärung auch nicht anzugeben und zu

versteuern. Ihre Lohnsteuerkarte enthält in diesem Fall keine Eintragungen.

	Arbeitnehmer	Arbeitgeber
Gehalt	630,00 DM	630,00 DM
z. B. 6,8% Krankenversicherung	−42,84 DM	+42,84 DM
0,85% Pflegeversicherung	−5,36 DM	+5,36 DM
9,75% Rentenversicherung	−61,43 DM	+61,43 DM
20% Lohnsteuer	− DM	+126,00 DM
5,5% Solidaritätszuschlag	− DM	+6,93 DM
7% Kirchensteuer	− DM	+8,82 DM
Kosten Arbeitgeber		520,37 DM
Auszahlung Arbeitnehmer	881,38 DM	

65 Wer trägt die Steuer bei einer Pauschalbesteuerung?

Wie Sie dem Beispiel in Frage 64 entnehmen können, trägt grundsätzlich der Arbeitgeber die pauschale Lohnsteuer von 20 Prozent zzgl. Kirchensteuer und Solidaritätszuschlag.

66 Darf trotz Pauschalbesteuerung auch der Arbeitnehmer die Steuerlast begleichen?

Es ist zulässig, daß die pauschale Lohnsteuer vom Arbeitgeber auf den Arbeitnehmer abgewälzt wird. Dies kann für Sie als Arbeitnehmer günstiger sein, wenn Sie eine Steuerkarte vorlegen müßten, bei der Ihr Arbeitgeber die Lohnsteuer von Ihrem Verdienst abziehen müßte.

Beispiel
Andre Trautmann verdient in seinem Hauptberuf als Lagerist 4.000 DM brutto im Monat. Er jobbt morgens bei einer Zeitung als Zeitungsbote und verdient monatlich 630 DM hinzu. Bei seiner Krankenkasse ist er mit einem Beitragssatz von 13,6 Prozent versichert. Hiervon tragen Arbeitgeber und Arbeitnehmer jeweils 6,8 Prozent. Sein 630-Mark-Job wird zur Berechnung der Sozialversicherungsbeiträge mit dem Gehalt aus dem Hauptberuf zusammengerechnet.

Berechnungsmöglichkeit 1
Steuerklasse VI, Arbeitgeber übernimmt
die Lohnsteuer nicht

	Arbeitnehmer	**Arbeitgeber**
Gehalt	**630,00 DM**	**630,00 DM**
6,8% Kranken-versicherung	−42,84 DM	+42,84 DM
0,85 Pflege-versicherung	−5,36 DM	+5,36 DM
9,75% Renten-versicherung	−61,43 DM	+61,43 DM
Lohnsteuer, Klasse VI	−149,41 DM	− DM
9% Kirchensteuer (NRW)	−13,45 DM	− DM

Netto-Gehalt   **357,51 DM**
Kosten Arbeitgeber   **739,63 DM**

Berechnungsmöglichkeit 2
Arbeitgeber übernimmt die Lohnsteuer

	Arbeitnehmer	**Arbeitgeber**
Gehalt	**630,00 DM**	**630,00 DM**
6,8% Kranken-versicherung	−42,84 DM	+42,84 DM

0,85 Pflegeversicherung	– 5,36 DM	+ 5,36 DM
9,75% Rentenversicherung	– 61,43 DM	+ 61,43 DM
20% Lohnsteuer	– DM	+ 126,00 DM
5,5% Solidaritätszuschlag	– DM	+ 6,93 DM
7% Kirchensteuer	– DM	+ 8,82 DM

Netto-Gehalt 520 37 DM
Kosten Arbeitgeber 881,38 DM

	Klasse VI	Pauschal
Kosten Arbeitgeber	739,62 DM	881,37 DM

Differenz 141,75 DM

Netto Arbeitnehmer	357,52 DM	520, 38 DM

Differenz 162,86 DM

Bei dem Beispiel sind die Kosten des Arbeitgebers um 141,75 DM höher, wenn er die Lohnsteuer pauschal übernimmt. Herr Trautmann erhält bei der Lohnsteuerpauschalierung durch seinen Arbeitgeber ein höheres Nettogehalt von immerhin 162,86 DM.

Da die meisten Arbeitgeber nicht bereit sein dürften, die Kosten allein zu tragen, könnten man ihm ja ein Vergleichsangebot machen: Herr Trautmann verzichtet auf ein Teil seines Gehalts, während der Arbeitgeber die Lohnsteuer pauschal übernimmt. Bei einem Gehalt von 570 DM würde sich folgendes Bild ergeben:

	Arbeitnehmer	Arbeitgeber
Gehalt	**570,00 DM**	**570,00 DM**
z.B. 6,8% Krankenversicherung	−38,76 DM	+38,76 DM
0,85% Pflegeversicherung	−4,85 DM	+4,85 DM
9,75% Rentenversicherung	−55,58 DM	+55,58 DM
Lohnsteuer 20%	− DM	+114,00 DM
Solidaritätszuschlag 5,5 %	− DM	+6,27 DM
Kirchensteuer 7%	− DM	+7,98 DM

Netto-Gehalt 470,81 DM
Kosten-Arbeitgeber 797,44 DM

Herr Trautmann hätte immer noch ein höheres Netto-Gehalt, als wenn er seinem Arbeitgeber die Lohnsteuerkarte mit der Klasse VI vorlegen würde, und auch der Arbeitgeber würde Kosten sparen.

67 Wie rechnet die Hausfrau, die gesetzlich krankenversichert ist?

Beispiel
Simone Langer ist Hausfrau und Mutter. Um die Urlaubskasse aufzubessern, arbeitet sie einige Stunden in der Woche als Bedienung in der Gastronomie. Ihr Verdienst beträgt 630 DM monatlich. Weitere Einkünfte erzielt sie nicht. Ihr Ehemann ist als Bauarbeiter (Steuerklasse III) beschäftigt.
Der Arbeitgeber rechnet wie folgt rechnen:

	Arbeitnehmer	Arbeitgeber
Gehalt	**630,00 DM**	**630,00 DM**
12% Rentenversicherung	– DM	+ 75,60 DM
10% Krankenversicherung	– DM	+ 63,00 DM
Auszahlung Langer	**630,00 DM**	
Kosten Arbeitgeber		**768,60 DM**

Frau Langer hat die Möglichkeit, zusätzlich zum Arbeitgeberbeitrag von ihrem Gehalt 7,5 Prozent ihres Gehalts (47,25 DM) an die Rentenversicherung abzuführen. Dadurch erwirbt sie Ansprüche auf alle Leistungen der Rentenversicherung (s. auch Frage 31 und 32).

Da Frau Langer selbst keine weiteren Einkünfte bezieht und der Arbeitgeber für ihre geringfügige Beschäftigung Pauschalbeiträge zur Rentenversicherung zahlt, ist das Gehalt steuerfrei.

Der Gastwirt kann das Gehalt aber nur dann steuerfrei auszahlen, wenn Frau Langer ihm eine Freistellungsbescheinigung vorlegt.

Ohne Freistellungsbescheinigung muß er den Arbeitslohn entweder nach Steuerklasse V oder wie sonst pauschal mit 20 Prozent versteuern.

Berechnungsmöglichkeit 2
Steuerklasse V, Arbeitgeber übernimmt die Lohnsteuer nicht

	Arbeitnehmer	**Arbeitgeber**
Gehalt	630,00 DM	630,00 DM
12% Rentenversicherung	– DM	+ 75,60 DM
10% Krankenversicherung	– DM	+ 63,00 DM

Lohnsteuer, Klasse V	−109,66 DM	− DM
9% Kirchensteuer (NRW)	−9,87 DM	− DM

Netto-Gehalt Langer   **510,47 DM**
Kosten Arbeitgeber   **768,60 DM**

Achtung: Legt Frau Langer die Lohnsteuerkarte V bei Ihrem Arbeitgeber vor, handelt es sich nicht um eine Nebenbeschäftigung. Jetzt muß der Arbeitgeber auch Beiträge zur Arbeitslosenversicherung abführen.

Berechnungsmöglichkeit 3
Arbeitgeber übernimmt die Lohnsteuer pauschal

Verzichtet der Arbeitgeber darauf, daß Frau Langer eine Lohnsteuerkarte vorlegt, kann er die Lohnsteuer pauschal an den Fiskus abführen. Es entstehen folgende Kosten:

	Arbeitnehmer	Arbeitgeber
Gehalt	**630,00 DM**	**630,00 DM**
12% Rentenversicherung	− DM	+75,60 DM

10% Kranken-versicherung	– DM	+ 63,00 DM
20% Lohnsteuer	– DM	+ 126,00 DM
5,5% Solidaritäts-zuschlag	– DM	+ 6,93 DM
7% Kirchensteuer	– DM	+ 8,82 DM

Netto-Gehalt Langer 630,00 DM
Kosten Arbeitgeber   910,35 DM

68 Wie rechnet die Hausfrau, die nicht gesetzlich krankenversichert ist?

Beispiel
Nicola Knies ist Hausfrau. Um die Urlaubskasse aufzubessern, arbeitet sie an zwei Abenden in der Woche in einer Gastwirtschaft; sie erhält 630 DM monatlich. Weitere Einkünfte bezieht sie nicht.

Ihr Ehemann ist Finanzbeamter. Da sie über den Ehemann beihilfeberechtigt ist, gehört sie keiner gesetzlichen Krankenversicherung an. Daher braucht der Arbeitgeber auch nur den Anteil zur Rentenversicherung abzuführen. Kosten für die Krankenversicherung entstehen ihm nicht.

	Arbeitnehmer	Arbeitgeber
Gehalt	630,00 DM	630,00 DM
12% Rentenversicherung	– DM	+ 75,60 DM
Auszahlung Knies	**630,00 DM**	
Kosten Arbeitgeber		**705,60 DM**

Als Arbeitgeber sind Sie verpflichtet, beim zuständigen Arbeitsamt eine Betriebsnummer zu beantragen, unter der Sie Frau Knies mit dem 630-Mark-Job bei der Krankenkasse anmelden. Zuständig ist die Krankenkasse, die Sie als Arbeitgeber gewählt haben.

Sie führen dann den Pauschalbetrag zur Rentenversicherung unter der Sozialversicherungsnummer ab, die Frau Knies zu Beginn ihrer Berufstätigkeit zugewiesen worden ist. Zur Krankenversicherung fällt kein Pauschalbetrag an, weil Frau Knies nicht gesetzlich krankenversichert ist (Ehemann ist Beamter).

Frau Knies hat die Möglichkeit, zusätzlich zum Arbeitgeberanteil 7,5 Prozent ihres Entgelts (47,25 DM) an die Rentenversicherung abzuführen. Da Frau Knies selbst keine weiteren Einkünfte bezieht und für ihre geringfügige

Beschäftigung Pauschalbeiträge zur Rentenversicherung gezahlt werden, ist der 630-Mark-Job steuerfrei.

Sie dürfen das Gehalt aber nur dann steuerfrei auszahlen, wenn Frau Knies Ihnen eine Freistellungsbescheinigung vorlegt. Wird Ihnen keine Freistellungsbescheinigung vorgelegt, müssen Sie den Arbeitslohn entweder nach Steuerklasse VI oder pauschal mit 20 Prozent versteuern.

Berechnungsmöglichkeit 2
Steuerklasse VI, Arbeitgeber übernimmt die Lohnsteuer nicht

	Arbeitnehmer	Arbeitgeber
Gehalt	630,00 DM	630,00 DM
12% Rentenversicherung	– DM	+ 75,60 DM
Lohnsteuer, Klasse VI	– 149,41 DM	– DM
9% Kirchensteuer (NRW)	– 13,45 DM	– DM
Netto-Gehalt Knies	**467,14 DM**	
Kosten Arbeitgeber		**705,60 DM**

Berechnungsmöglichkeit 3
Arbeitgeber übernimmt die Lohnsteuer

	Arbeitnehmer	Arbeitgeber
Gehalt	630,00 DM	630,00 DM
12% Rentenversicherung	– DM	+ 75,60 DM
20% Lohnsteuer	– DM	+126,00 DM
5,5% Solidaritätszuschlag	– DM	+ 6,93 DM
7% Kirchensteuer	– DM	+ 8,82 DM
Netto-Gehalt Knies	**630,00 DM**	
Kosten Arbeitgeber		**847,35 DM**

Achtung: Ebenfalls nicht gesetzlich krankenversichert sind beispielsweise Ehepartner von Pensionären, privat krankenversicherte Selbständige oder Angestellte.

Berechnungsmöglichkeit 4
Frau Knies hat aber auch die Möglichkeit, eine Lohnsteuerkarte mit der Steuerklasse V vorzulegen, sofern sie keiner anderen Tätigkeit nachgeht.

	Arbeitnehmer	Arbeitgeber
Gehalt	630,00 DM	630,00 DM
12% Rentenversicherung	– DM	+ 75,60 DM
Lohnsteuer, Klasse V	– 109,66 DM	– DM
9% Kirchensteuer (NRW)	– 9,87 DM	– DM
Netto-Gehalt Knies	510,47 DM	
Kosten Arbeitgeber		705,60 DM

69 Was gilt bei mehreren Beschäftigungsstellen?

Beispiel

Elke Sommer ist alleinerziehend. Um über die Runden zu kommen, hat sie mehrere Aushilfsstellen angenommen, für die sie je nach Arbeitszeit bezahlt wird. Bei Steuerberater Bongartz verdient sie 300 DM monatlich, Familie Schmidt zahlt 200 DM, und bei Frau Olschowka erhält sie weitere 250 DM monatlich. Frau Sommer ist bei einer Krankenkasse mit einem Beitragssatz von 13,6 Prozent versichert. Arbeitnehmer und Arbeitgeber tragen je die Hälfte, also 6,8 Prozent.

Die Arbeitslöhne werden zur Prüfung der Geringfügigkeitsgrenze von 630 Mark zusammengerechnet. Mit monatlich 750 DM überschreitet sie diese Grenze, so daß jede einzelne Beschäftigung sozialversicherungs- und steuerpflichtig ist.

Frau Sommer hat sich von der Gemeinde insgesamt drei Lohnsteuerkarten ausstellen lassen (einmal Klasse II und zweimal Klasse VI).

Steuerberater Bongartz

	Arbeitnehmer	Arbeitgeber
Gehalt	300,00 DM	300,00 DM
6,8% Krankenversicherung	−20,40 DM	+20,40 DM
0,85% Pflegeversicherung	−2,55 DM	+2,55 DM
9,75% Rentenversicherung	−29,25 DM	+29,25 DM
3,25% Arbeitslosenversicherung	−9,75 DM	+9,75 DM
Lohnsteuer Klasse II	− DM	− DM
Nettogehalt Sommer	**238,05 DM**	
Kosten für Bongartz		**361,95 DM**

Familie Schmidt

	Arbeitnehmer	Arbeitgeber
Gehalt	**200,00 DM**	**200,00 DM**
6,8% Kranken-versicherung	−13,60 DM	+13,60 DM
0,85% Pflege-versicherung	−1,70 DM	+1,70 DM
9,75% Renten-versicherung	−19,50 DM	+19,50 DM
3,25% Arbeitslosen-versicherung	−6,50 DM	+6,50 DM
Lohnsteuer, Klasse VI	−47,25 DM	− DM
Solidaritätszuschlag	− DM	− DM
Kirchensteuer	−3,31 DM	− DM

Nettogehalt Sommer   108,14 DM
Kosten Schmidt   241,30 DM

Frau Olschowka

	Arbeitnehmer	Arbeitgeber
Gehalt	**250,00 DM**	**250,00 DM**
6,8% Kranken-versicherung	−17,00 DM	+17,00 DM

0,85% Pflege-versicherung	−2,13 DM	+2,13 DM
9,75% Renten-versicherung	−24,38 DM	+24,38 DM
3,25% Arbeitslosen-versicherung	−8,13 DM	+8,13 DM
Lohnsteuer, Klasse VI	−59,09 DM	− DM
Solidaritätszuschlag	− DM	− DM
Kirchensteuer	−4,14 DM	− DM

Nettogehalt Sommer   135,13 DM
Kosten Olschowska   301,64 DM

Am Jahresende wird Frau Sommer automatisch aufgefordert, eine Einkommensteuererklärung abzugeben. Hierbei erhält sie die von ihren Arbeitgebern einbehaltene Lohnsteuer vollständig zurück, da sie bei ihrem Einkommen keine Steuern zahlen braucht.

Alternativ ist auch eine Pauschalbesteuerung durch den jeweiligen Arbeitgeber möglich. Die pauschale Lohnsteuer beträgt 20 Prozent des Arbeitslohns. Zusätzlich sind der Solidaritätszuschlag mit 5,5 Prozent und die Kirchensteuer in der Regel mit 7 Prozent an das Finanzamt abzuführen.

70 Wie wirkt sich mein Nebenjob auf meinen Hauptjob aus?

Beispiel
Jochen Bauer verdient als kaufmännischer Angestellter 5.500 DM brutto im Monat. Er jobbt als Zeitungsbote für monatlich 630 DM. Er ist bei einer Krankenkasse mit einem Beitragssatz von 13,6 Prozent versichert. Sein 630-Mark-Job wird zur Berechnung der Sozialversicherungsbeiträge mit dem Gehalt seines Hauptberufs zusammengerechnet.

Neben den Sozialversicherungsabgaben fallen die üblichen Steuern an. Das Gehalt aus dem Nebenjob kann entweder über eine zweite Lohnsteuerkarte Klasse VI oder pauschal durch den Arbeitgeber versteuert werden.

Berechnungsmöglichkeit 1
Steuerklasse VI, Arbeitgeber übernimmt die Lohnsteuer nicht

	Arbeitnehmer	Arbeitgeber
Gehalt	630,00 DM	630,00 DM
6,8% Krankenversicherung	– 42,84 DM	+ 42,84 DM

0,85% Pflege-versicherung	−5,36 DM	+5,36 DM
9,75% Renten-versicherung	−61,43 DM	+61,43 DM
Arbeitslosen-versicherung*	− DM	− DM
Lohnsteuer, Klasse VI	−149,41 DM	− DM
9% Kirchensteuer (NRW)	−13,45 DM	− DM

Netto-Gehalt   **357,51 DM**
Kosten Arbeitgeber   **739,63 DM**

* Beiträge zur Arbeitslosenversicherung werden aus der Nebenbeschäftigung nicht erhoben.

Berechnungsmöglichkeit 2
Arbeitgeber übernimmt die Lohnsteuer

	Arbeitnehmer	Arbeitgeber
Gehalt	**630,00 DM**	**630,00 DM**
6,8% Kranken-versicherung	−42,84 DM	+42,84 DM
0,85% Pflege-versicherung	−5,36 DM	+5,36 DM

9,75% Rentenversicherung	− 61,43 DM	+ 61,43 DM
20% Lohnsteuer	− DM	+ 126,00 DM
5,5% Solidaritätszuschlag	− DM	+ 6,93 DM
7% Kirchensteuer	− DM	+ 8,82 DM

Netto-Gehalt   520,37 DM
Kosten Arbeitgeber   881,38 DM

71 Wie wirkt sich ein Nebenjob auf mich als Beamter aus?

Beispiel
Sandra Gesse ist im Hauptberuf Beamtin. Nach Feierabend erledigt sie die Personalbuchhaltung für den Betrieb ihres Bruders. Aus dieser Nebentätigkeit erhält sie monatlich 500 DM.

Da Frau Gesse in ihrem Hauptjob keine sozialversicherungspflichtigen Einnahmen erzielt, ist dies für ihren Bruder besonders vorteilhaft. Er braucht für die Sozialversicherung lediglich 12 Prozent des Arbeitslohnes abzuführen.

Beiträge an die Krankenversicherung von 10 Prozent fallen nicht an.

Bezüglich der Versteuerung muß Frau Gesse entweder eine zweite Lohnsteuerkarte bei ihrem Arbeitgeber (Klasse VI) vorlegen oder der Arbeitgeber übernimmt die Lohnsteuer pauschal.

Berechnungsmöglichkeit 1
Steuerklasse VI, Arbeitgeber übernimmt die Lohnsteuer nicht

	Arbeitnehmer	Arbeitgeber
Gehalt	500,00 DM	500,00 DM
12% Rentenversicherung	– DM	+ 60,00 DM
Lohnsteuer, Klasse VI	– 119,33 DM	–DM
9% Kirchensteuer (NRW)	– 10,74 DM	– DM
Netto-Gehalt	**363,93 DM**	
Kosten Arbeitgeber		**560,00 DM**

Berechnungsmöglichkeit 2
Arbeitgeber übernimmt die Lohnsteuer

	Arbeitnehmer	**Arbeitgeber**
Gehalt	500,00 DM	500,00 DM
12% Rentenversicherung	– DM	+ 60,00 DM
20% Lohnsteuer	– DM	+ 100,00 DM
5,5% Solidaritätszuschlag	– DM	+5,50 DM
7% Kirchensteuer	– DM	+ 7,00 DM
Netto-Gehalt	500,00 DM	
Kosten Arbeitgeber		672,50 DM

72 Was passiert beim Überschreiten der Beitragsbemessungsgrenze?

Weil der Arbeitgeber seine Mitarbeiter bei den Krankenkassen anmelden muß, kann die Krankenkasse kontrollieren, ob die sozialversicherungsfreie Grenze von 630 DM jeweils überschritten wird oder nicht. Kommt es zu einer Überschreitung, wird die Sozialversicherung die Arbeitgeberanteile beim Arbeitgeber einfordern. Aber auch der Arbeitnehmer hat dann einen Beitrag zu bezahlen.

Sollte sich im Verlauf des Jahres herausstellen, daß auch die steuerlichen Grenzen überschritten wurden, wird der Fiskus am Jahresende eine entsprechende Nachversteuerung vornehmen.

73 Wie wirkt sich ein Nebenjob auf Pensionäre aus?

Beispiel
Polizeibeamter Anton Stölting ist seit einigen Jahren im Ruhestand. Hin und wieder arbeitet er als Wachmann bei einer Sicherheitsfirma. Er hat mit seinem Chef ein monatliches Gehalt von 600,– DM vereinbart, um seine Pension aufzubessern.

Die Beamtenpension zählt nicht zu den sozialversicherungspflichtigen Einkünften, so daß der Chef des Sicherheitsdienstes für Anton Stölting keine pauschalen Abgaben an die Krankenversicherung leisten muß. Er braucht lediglich 12 Prozent Rentenversicherungsbeiträge abzuführen. Anton Stölting hat entweder eine zweite Lohnsteuerkarte bei seinem Arbeitgeber (Klasse VI) vorzulegen oder der Arbeitgeber übernimmt die Lohnsteuer pauschal.

Berechnungsmöglichkeit 1
Steuerklasse VI, Arbeitgeber übernimmt die Lohnsteuer nicht

	Arbeitnehmer	Arbeitgeber
Gehalt	**600,00 DM**	**600,00 DM**
12% Rentenversicherung	– DM	+ 72,00 DM
Lohnsteuer, Klasse VI	– 143,00 DM	– DM
9% Kirchensteuer (NRW)	– 12,87 DM	– DM
Netto-Gehalt	**444,13 DM**	
Kosten Arbeitgeber		**672,00 DM**

Berechnungsmöglichkeit 2
Arbeitgeber übernimmt die Lohnsteuer

	Arbeitnehmer	Arbeitgeber
Gehalt	**600,00 DM**	**600,00 DM**
12% Rentenversicherung	– DM	+ 72,00 DM

20% Lohnsteuer	– DM	120,00 DM
5,5% Solidaritäts-zuschlag	– DM	6,60 DM
7% Kirchensteuer	– DM	8,40 DM

Netto-Gehalt 600,00 DM
Kosten Arbeitgeber 807,00 DM

74 Was müssen Rentner beachten, die Mitglied in der gesetzlichen Krankenversicherung sind?

Beispiel
Anja Adam, verwitwet, erhält eine Altersrente und ist in der gesetzlichen Krankenversicherung Mitglied. Sie betreut für monatlich 400 DM das Kind ihrer Nachbarn, einer weiteren Tätigkeit geht sie nicht nach.

Als Rentnerin kann sie wegen ihrer Renteneinkünfte keine Freistellungsbescheinigung erhalten. Sie legt daher ihrem Nachbarn eine Lohnsteuerkarte der Klasse I vor.

Steuerklasse I

	Arbeitnehmer	Arbeitgeber
Gehalt	**630,00 DM**	**630,00 DM**
12% Rentenversicherung	– DM	+ 75,60 DM
Lohnsteuer, Klasse I	– DM	– DM
9% Kirchensteuer (NRW)	– DM	– DM

Netto-Gehalt	**630,00 DM**	
Kosten Arbeitgeber		**705,60 DM**

Sollte Frau Adam am Jahresende eine Einkommensteuererklärung abgeben, braucht sie aufgrund der hohen Grundfreibeträge und der nur mit dem Ertragsanteil zu versteuernden Rente nicht mit einer Nachzahlung rechnen.

75 Wie wirkt sich ein Nebenjob auf Selbständige aus?

Beispiel
Karl Emsig betreibt seit kurzem eine Versicherungsagentur, bei der er privat krankenversichert

ist. Um seine Startkosten finanzieren zu können, kümmert er sich als Hausmeister um das Gebäude seines Vermieters, in dem er auch seine Agentur eingerichtet hat. Hierfür zahlt ihm der Vermieter monatlich 250 DM.

Da die Gewinne als selbständiger Versicherungsvertreter nicht der Sozialabgabepflicht unterliegen und er bisher keine Lohnsteuerkarte benötigt, sollte Karl Emsig dem Vermieter seine Lohnsteuerkarte (Klasse I) vorlegen.

Steuerklasse I

	Arbeitnehmer	Arbeitgeber
Gehalt	250,00 DM	250,00 DM
12% Rentenversicherung	– DM	+ 30,00 DM
Lohnsteuer, Klasse I	– DM	– DM
9% Kirchensteuer (NRW)	– DM	– DM
Netto-Gehalt	**250,00 DM**	
Kosten-Arbeitgeber		**280,00 DM**

Auf die Möglichkeit der Aufstockung des Rentenbeitrags sollte Herr Emsig verzichten, da er seine private Altersversorgung anderweitig abdecken wird.

Berechnungsmöglichkeit 2

Alternativ könnte der Arbeitgeber die Lohnsteuer übernehmen:

	Arbeitnehmer	**Arbeitgeber**
Gehalt	250,00 DM	250,00 DM
12% Rentenversicherung	– DM	+ 30,00 DM
20% Lohnsteuer	– DM	+ 50,00 DM
5,5% Solidaritätszuschlag	– DM	+ 2,75 DM
7% Kirchensteuer	– DM	+ 3,50 DM
Netto-Gehalt	**250,00 DM**	
Kosten Arbeitgeber		**336,25 DM**

76 Was müssen Arbeitslose beachten, die Mitglied in der gesetzlichen Krankenversicherung sind?

Beispiel
Klaus Wortmann ist arbeitslos. Um über die Run-

den zu kommen, hat er einen Job als Hausmeister bei einem Freund auf der Basis einer 630-Mark-Tätigkeit angenommen und verdient monatlich 400 DM.

	Arbeitnehmer	Arbeitgeber
Gehalt	400,00 DM	400,00 DM
12% Rentenversicherung	– DM	+ 48,00 DM
10% Krankenversicherung	– DM	+ 40,00 DM
Auszahlung Klaus Wortmann	400,00 DM	
Kosten Arbeitgeber		488,00 DM

Das Arbeitslosengeld ist steuerfrei und führt daher auch nicht zu steuerpflichtigen Einkünften. Falls Herr Wortmann das ganze Kalenderjahr arbeitslos ist und keine weiteren Einkünfte bezieht, ist der 630-Mark-Job steuerfrei.

Der Arbeitgeber kann den Arbeitslohn aber nur dann steuerfrei auszahlen, wenn ihm eine Freistellungsbescheinigung vorliegt.

Achtung: Falls Herr Wortmann nicht das ganze Kalenderjahr über arbeitslos ist und deshalb oder wegen weiterer Einkünfte die Summe der anderen Einkünfte positiv ist, kann das Gehalt nicht steuerfrei ausgezahlt werden. In diesem Fall ist der Arbeitslohn in voller Höhe steuerpflichtig. Alternativ kann die Lohnsteuer aber auch vom Arbeitgeber über die Lohnsteuerkarte abgerechnet oder pauschal übernommen werden.

Berechnungsmöglichkeit 2
Steuerklasse VI, Arbeitgeber übernimmt die Lohnsteuer nicht

	Arbeitnehmer	Arbeitgeber
Gehalt	400,00 DM	400,00 DM
12% Rentenversicherung	– DM	+ 48,00 DM
Lohnsteuer, Klasse VI	– 94,58 DM	– DM
9% Kirchensteuer (NRW)	– 8,51 DM	– DM
Auszahlung Klaus Wortmann	**296,61 DM**	
Kosten Arbeitgeber		**448,00 DM**

Berechnungsmöglichkeit 3
Arbeitgeber übernimmt die Lohnsteuer

	Arbeitnehmer	Arbeitgeber
Gehalt	400,00 DM	400,00 DM
12% Rentenversicherung	– DM	+ 48,00 DM
20% Lohnsteuer	– DM	+ 80,00 DM
5,5% Solidaritätszuschlag	– DM	+ 4,40 DM
7% Kirchensteuer	– DM	+ 5,60 DM
Auszahlung		
Klaus Wortmann	400,00 DM	
Kosten Arbeitgeber		538,00 DM

77 Was müssen Studenten beachten, die Mitglied in der gesetzlichen Krankenversicherung sind?

Beispiel
Andrea Tochtrop arbeitet als studentische Hilfskraft an der Uni Köln auf 630-Mark-Grundlage.

Die Uni kann das Gehalt nur dann steuerfrei auszahlen, wenn Frau Tochtrop eine Freistellungsbescheinigung vorlegt. Geschieht dies nicht, muss der Arbeitgeber den Arbeitslohn entweder nach Steuerklasse I oder VI oder pauschal mit 20 Prozent versteuern.

Daneben hat Frau Tochtrop die Möglichkeit, zusätzlich zum Arbeitgeberbeitrag 7,5% ihres Gehalts (47,25 DM) an die Rentenversicherung abzuführen. Dadurch erwirbt sie Ansprüche auf alle Leistungen der Rentenversicherung (s. auch Frage 31 und 32).

Berechnungsmöglichkeit 1
Steuerklasse I

	Arbeitnehmer	**Arbeitgeber**
Gehalt	630,00 DM	630,00 DM
12% Rentenversicherung	– DM	+ 75,60 DM
10% Krankenversicherung	– DM	+ 63,00 DM
Lohnsteuer, Klasse I	– DM	– DM
9% Kirchensteuer (NRW)	– DM	– DM
Netto-Gehalt	**630,00 DM**	
Kosten Arbeitgeber		**768,60 DM**

Berechnungsmöglichkeit 2
Steuerklasse VI, Arbeitgeber übernimmt
die Lohnsteuer nicht

	Arbeitnehmer	Arbeitgeber
Gehalt	**630,00 DM**	**630,00 DM**
12% Rentenversicherung	– DM	+ 75,60 DM
10% Krankenversicherung	– DM	+ 63,00 DM
Lohnsteuer, Klasse VI	– 149,41 DM	– DM
9% Kirchensteuer (NRW)	– 13,45 DM	– DM
Netto-Gehalt	**467,14 DM**	
Kosten Arbeitgeber		**768,60 DM**

Berechnungsmöglichkeit 3
Arbeitgeber übernimmt die Lohnsteuer
pauschal

	Arbeitnehmer	Arbeitgeber
Gehalt	**630,00 DM**	**630,00 DM**
12% Rentenversicherung	– DM	+ 75,60 DM

10% Krankenversicherung	– DM	+ 63,00 DM
20% Lohnsteuer	– DM	+ 126,00 DM
5,5% Solidaritätszuschlag	– DM	+ 6,93 DM
7% Kirchensteuer	– DM	+ 8,82 DM

Netto-Gehalt   **630,00 DM**
Kosten Arbeitgeber   **910,35 DM**

78 Wie ist die Situation bei Saisonbeschäftigten?

Einnahmen aus Saisonbeschäftigungen sind zwar von der Sozialversicherung befreit (s. Frage 12), aber die steuerliche Frage ist damit noch nicht erledigt.

Der Arbeitgeber braucht entweder eine Lohnsteuerkarte oder er führt die Lohnsteuer pauschal an das Finanzamt ab. Eine Freistellungsbescheinigung können Sie nicht erhalten, da für die Saisonbeschäftigung keine pauschalen Rentenversicherungsbeiträge gezahlt werden.

Beispiel

Als Spargelstecher erhalten Sie für 2 Monate jeweils 4.000 DM. Sie legen Ihrem Arbeitgeber Ihre Steuerkarte (Klasse I) vor.

	Arbeitnehmer	Arbeitgeber
Gehalt	4.000,00 DM	4.000,00 DM
Lohnsteuer, Klasse I	−691,83 DM	− DM
9% Kirchensteuer (NRW)	−62,26 DM	− DM
5,5% Solidaritätszuschlag	−38,05 DM	− DM
Netto-Gehalt	**3.207,85 DM**	
Kosten Arbeitgeber		**4.000,00 DM**

Am Jahresende führt der Fiskus die abschließende Einkommensteuerberechnung durch. Haben Sie keine weiteren Einkünfte erzielt, erhalten Sie die von Ihnen gezahlten Steuerabzugsbeträge in voller Höhe zurück.

79 Was sind die Auswirkungen bei nebenberuflicher Tätigkeit als Saisonbeschäftigter?

Üben Sie neben Ihrem Hauptjob eine nebenberufliche Saisonbeschäftigung aus, werden diese Tätigkeiten für die Sozialversicherung nicht zusammengefaßt. Anders der Fiskus: Ihr Arbeitslohn ist steuerpflichtig, da für die Saisonbeschäftigung keine pauschalen Rentenversicherungsbeiträge gezahlt werden, die so zu einer Steuerfreiheit führen würden. Daher legen Sie Ihrem Arbeitgeber eine zweite Lohnsteuerkarte (Klasse VI) vor.

Beispiel
Neben Ihrem Hauptjob als Briefzusteller arbeiten Sie um den Jahreswechsel für eine Heizkostenfirma und lesen die Verbrauchswerte ab. Hierfür erhalten Sie für zwei Monate jeweils 4.500 DM.

Gehalt	Arbeitnehmer 4.500,00 DM	Arbeitgeber 4.500,00 DM
Lohnsteuer, Klasse VI	− 1.536,83 DM	− DM
9% Kirchensteuer (NRW)	− 138,31 DM	− DM

5,5% Solidaritäts-zuschlag	– 84,53 DM	– DM

Netto-Gehalt 2.740,33 DM
Kosten Arbeitgeber 4.500,00 DM

Wie immer führt der Fiskus am Jahresende die endgültige Steuerabrechnung durch, bei der beide Einkommen zusammengefaßt werden.

80 Muß ich mich am Jahresende auf eine Steuernachzahlung einstellen?

Die Finanzverwaltung führt am Jahresende eine Jahresabrechnung durch, bei der es leider vielfach zu einer Nachzahlung kommen wird, sofern Sie einen Haupt- und Nebenjob auf Lohnsteuerkarte ausüben.

81 Wie sieht eine mögliche Nachforderung des Finanzamts aus?

Beispiel:
Sie, 25 Jahre, kaufmännische Angestellte, ledig, keine Kinder, erzielen ein Jahresbruttogehalt von 44.263 DM.

Folgende Beträge wurden einbehalten:

Lohnsteuer	7.325,00 DM
Solidaritätszuschlag	402,95 DM
Kirchensteuer	659,25 DM

In 1999 wurden Ihnen 108 DM zuviel gezahlte Kirchensteuer für das Jahr 1998 erstattet. Insgesamt beträgt Ihr zu versteuerndes Einkommen 37.796 DM. Der Fiskus rechnet wie folgt:

	Lohnsteuer	Solidaritätszuschlag	Kirchensteuer
zu zahlen	7.024,00 DM	386,32 DM	632,16 DM
gezahlt	7.325,00 DM	402,95 DM	659,25 DM
Erstattung	301,00 DM	16,63 DM	27,09 DM
Summe	**344,72 DM**		

Durch den Nebenjob erhöht sich das zu versteuernde Einkommen um 7.560 DM (12 x 630 DM) auf 45.356 DM. Durch den Nebenjob wurden folgende Beträge zusätzlich einbehalten:

	Monat	Jahr
z. B. 6,8% Krankenversicherung	42,84 DM	514,08 DM
0,85% Pflegeversicherung	5,36 DM	64,32 DM
9,75% Rentenversicherung	61,43 DM	737,16 DM
Lohnsteuer, Klasse VI	149,41 DM	1.792,92 DM
9% Kirchensteuer (NRW)	13,45 DM	161,40 DM

Die anrechenbaren Beträge setzen sich wie folgt zusammen:

	Lohnsteuer	Solidaritätszuschlag	Kirchensteuer
Hauptjob	7.325,00 DM	402,95 DM	659,25 DM
Nebenjob	1.792,92 DM	– DM	161,40 DM
Summe	**9.117,92 DM**	**402,95 DM**	**820,65 DM**

Der Fiskus rechnet wie folgt:

	Lohn-steuer	Solidaritäts-zuschlag	Kirchen-steuer
zu zahlen	9.419,00 DM	518,05 DM	847,71 DM
gezahlt	9.117,92 DM	402,95 DM	820,65 DM
Nach-zahlung	301,08 DM	115,10 DM	27,06 DM

Summe 443,24 DM

In diesem Fall müssen Sie am Jahresende für Ihren Nebenjob noch 443,24 DM an das Finanzamt nachzahlen. Von den 630 DM verbleiben lediglich monatlich 320,58 DM bei Ihnen.

82 Wie formuliere ich einen Stundungsantrag?

Sind Sie nicht in der Lage, die Steuernachzahlung in einer Summe zu leisten, können Sie versuchen, einen Stundungsantrag zu stellen. Beachten Sie aber, daß Sie zunächst alle Möglichkeiten nutzen müssen, Geld aufzutreiben. Hierbei ist Ihnen auch zuzumuten, Ihr Girokonto zu überziehen oder ein Darlehen aufzunehmen. Erst wenn Ihnen das nicht gelingt, sollten Sie einen Stundungsantrag stellen wie folgt:

Sehr geehrte Damen und Herren,
hiermit bitte ich Sie, die Einkommensteuernachzahlung von 443,24 DM über einen Zeitraum von 3 Monaten zu stunden.

Begründung
Die Nachzahlung resultiert aus meinem 630-Mark-Job, der über die Steuerklasse VI besteuert wurde; ich bin davon ausgegangen, daß die einbehaltene Lohnsteuer ausreichend ist.
Um meinen finanziellen Verpflichtungen nachzukommen, übe ich diesen Nebenjob aus. Es ist mir leider nicht möglich, die Summe von 443,24 DM auf einmal zu zahlen. Ich schlage daher zwei Raten zu je 150,– DM und eine Rate zu 143,24 DM vor.
Mit freundlichen Grüßen

83 Wie erreiche ich einen Vollstreckungsaufschub?

Ist Ihr Stundungsantrag abgelehnt worden, müssen Sie versuchen, einen Vollstreckungsaufschub mit der Vollstreckungsstelle auszuhandeln, da es sonst z. B. zu einer Konten- oder Lohnpfändung kommen kann.

Setzen Sie sich direkt nach Ablehnung Ihres Stundungsantrags mit der Vollstreckungsstelle persönlich in Verbindung. Schildern Sie dem Sachbearbeiter Ihre finanzielle Situation und bringen Sie zu diesem Termin Ihre Gehaltsabrechnung mit. Durch dieses persönliche Gespräch ist es möglich, einen Aufschub zu erreichen.

84 Nebenjob aufgeben und als Unternehmer arbeiten, geht das?

Es steht Ihnen natürlich frei, Ihren bisher ausgeübten Nebenjob aufzugeben und in diesem Bereich als Unternehmer zu beginnen. Dabei besteht aber die Vermutung, daß ein freier Mitarbeiter sozialversicherungsrechtlich als Arbeitnehmer anzusehen ist, wenn zwei der nachfolgenden vier Punkte erfüllt werden:

1. Sie beschäftigen mit Ausnahme von Familienangehörigen keine versicherungspflichtigen Arbeitnehmer.
2. Sie sind im wesentlichen nur für einen Auftraggeber tätig (dies gilt, wenn Sie minde-

stens 5/6 Ihrer gesamten Einkünfte aus dieser Tätigkeit beziehen).
3. Sie erbringen typische Arbeitnehmerleistungen für Ihren Auftraggeber und sind an seine Weisungen gebunden und in seinen Betrieb organisatorisch eingebunden.
4. Sie treten am Markt nach außen nicht in Erscheinung.

85 Wann droht mir die Einstufung als Scheinselbständiger?

Erfüllen Sie zur Zeit zwei der in Frage 84 aufgeführten Punkte, üben Sie eine sogenannte Scheinselbständigkeit aus. Dies hat zur Folge, daß die Sozialversicherungen entsprechende Beiträge von Ihnen und Ihrem Auftraggeber fordern. Gerade Existenzgründer werden in der Startphase in der Regel nur für einen Auftraggeber tätig und beschäftigen als nebenberuflich tätige Unternehmer noch keine Angestellten. In der bisherigen Gesetzesfassung wäre dieser Personenkreis scheinselbständig. Dieses Problem hat der Gesetzgeber zwischenzeitlich erkannt und arbeitet an Lösungen (s. Frage 86).

86 Welche aktuellen Änderungen zur Scheinselbständigkeit sind erfolgt?

Die Bundesregierung hat am 11. November 1999 das Gesetz zur Scheinselbständigkeit rückwirkend zum 01. Januar 1999 geändert.
Jetzt wird eine Selbständigkeit vermutet, wenn 3 der folgenden 5 Kriterien erfüllt sind:

1. Sie beschäftigen keinen sozialversicherungspflichtigen Arbeitnehmer, der mehr als 630 DM verdient. Jetzt dürfen Sie auch Familienangehörige beschäftigen, ohne daß Ihnen dies zum Nachteil ausgelegt wird.
2. Sie sind im wesentlichen nur für einen Auftraggeber tätig (mindestens 5/6 Ihrer Einkünfte stammen aus dieser Tätigkeit).
3. Ihr Auftraggeber oder ein vergleichbarer Betrieb lassen Ihre Tätigkeiten von angestellten Arbeitnehmern erledigen.
4. Sie treten unternehmerisch nicht nach außen in Erscheinung. (Die entsprechenden Merkmale werden von den Sozialversicherungen noch zusammengestellt.)
5. Sie waren bisher bei Ihrem jetzigen Auftraggeber angestellt und haben im wesentlichen die gleiche Arbeit verrichtet.

87 Welche Angaben muss ich meinem Arbeitgeber im Rahmen des 630-Mark-Jobs machen?

Damit Ihr Arbeitgeber beurteilen kann, ob Sie weitere sozialversicherungspflichtige Einkünfte erzielen, sind für ihn folgende Daten wichtig:
- Üben Sie eine weitere 630-Mark-Beschäftigung aus?
- Wie hoch ist Ihr Verdienst im Rahmen dieser Beschäftigung?
- Möchten Sie Ihren Rentenversicherungsbeitrag aufstocken, ist von Ihnen ein Eigenanteil abzuführen (s. Fragen 31 u. 32).
- Erzielen Sie weitere steuerpflichtige Einkünfte?
- Bei welcher Krankenkasse sind Sie?

88 Bei welcher Krankenkasse wird der Nebenjob angemeldet?

Alle ab dem 01.04.1999 beschäftigten 630-Mark-Jobber sind bei der Krankenkasse anzumelden, bei der der jeweilige Arbeitnehmer versichert ist oder zuletzt versichert war. Waren Sie bisher noch nicht bei einer gesetzlichen

Krankenversicherung, kann Ihr Arbeitgeber die Krankenkasse auswählen und Sie anmelden.

89 Was passiert, wenn ich als Arbeitgeber den Nebenjob nicht anmelde?

Im Falle eines Unfalls ist Ihr Arbeitnehmer nicht versichert. Stellt die Krankenkasse z. B. aufgrund einer anonymen Anzeige fest, daß Sie Ihre Arbeitnehmer nicht ordnungsgemäß angemeldet haben, müssen Sie mit einem Bußgeldverfahren rechnen.

90 Ist es sinnvoll, bewußt weniger als 630 Mark zu verdienen?

Können Sie Ihren Arbeitgeber dazu bewegen, die Lohnsteuer pauschal an das Finanzamt abzuführen, werden Ihre Einnahmen in der Einkommensteuererklärung nicht mehr versteuert. Ihr Arbeitgeber trägt dann allerdings entsprechend höhere Aufwendungen. Im Gegenzug können Sie auf Teile Ihres Gehalts verzichten, damit Ihr Arbeitgeber dieser Gestaltungsmöglichkeit zustimmt (s. Frage 66).

91 Wie kann ich meinen Arbeitgeber zur Kostenübernahme bewegen?

Letztendlich können Sie Ihren Arbeitgeber nur dann zur pauschalen Lohnversteuerung bewegen, wenn Ihre Leistung so gut ist, daß er trotz gestiegener Kosten immer noch an Ihnen verdient.

Beispiel
Sie arbeiten als Kellnerin in der Gastronomie und erzielen in der Gaststätte den höchsten Umsatz. Steht der Wirt vor der Frage, Ihre Lohnsteuer zu übernehmen oder auf Ihre Mithilfe zu verzichten, wird er sich wahrscheinlich immer für die Übernahme der Lohnsteuer entscheiden, da gute Kräfte in der Gastronomie noch immer Mangelware sind.

Versuchen Sie, diese Einigung mit Ihrem Chef in einem ruhigen Gespräch zu erreichen und nicht zwischen Tür und Angel.

92 Wie stark wird mein Arbeitgeber eigentlich belastet?

Läßt sich Ihr Arbeitgeber auf die Pauschalversteuerung ein, muß er bei einem Gehalt von 630 DM folgende Mehrkosten tragen:

20% Lohnsteuer	126,00 DM
5,5% Solidaritätszuschlag	6,93 DM
7% Kirchensteuer	8,82 DM
Mtl. Mehrkosten Arbeitgeber	141,75 DM

93 Wie verrechnet das Finanzamt meine Werbungskosten für einen 630-Mark-Job?

Wird Ihr Nebenjob über die Lohnsteuerkarte abgerechnet, wirken sich Ihre Werbungskosten erst dann aus, wenn sie zusammen mit dem Hauptjob insgesamt 2.000 DM übersteigen, da ansonsten vom Fiskus automatisch der Arbeitnehmerpauschbetrag berücksichtigt wird.

94 Was passiert, wenn ich ohne Anmeldung jobbe?

Meldet Sie Ihr Arbeitgeber nicht bei der Krankenkasse an, so haftet er für die von ihm nicht abgeführten Arbeitgeberanteile zur Sozialversicherung. Im Falle eines Unfalls stehen Sie weitgehend ohne ausreichenden Versicherungsschutz da.

95 Stimmt es, daß die Steuerfahndung mein Haus durchsucht, wenn ich bei den 630-Mark-Jobs mogle?

Weder die Steuerfahndung noch die Straf- und Bußgeldstelle wird bei Ihnen wegen eines 630-Mark-Jobs eine Hausdurchsuchung durchführen, wenn Sie aufgrund eines Mißverständnisses falsche Angaben zu Ihrem 630-Mark-Job gemacht haben sollten.

96 Welche Unterlagen bewahre ich für meine Einkommensteuererklärung auf?

Um Ihre Werbungskosten für den Nebenjob nachweisen zu können, sollten Sie hierzu alle Unterlagen aufbewahren. Dies gilt natürlich auch für Ihre Lohnsteuerkarten. Am Jahresende sind Sie nämlich verpflichtet, eine Einkommensteuererklärung abzugeben.

97 Darf ich meine Kinder als 630-Mark-Jobber anstellen?

Natürlich ist es zulässig, auch Ihre Kinder bzw. Lebenspartner auf der Basis eines 630-Mark-Jobs zu beschäftigen.

98 Brauche ich die Genehmigung von meinem Ehegatten für einen 630-Mark-Job?

Nein.

99 Ist die Anzahl der 630-Mark-Jobs begrenzt?

Nein.